怎样写文章

梁衡 ◎ 著

人民东方出版传媒
东方出版社
The Oriental Press

图书在版编目（CIP）数据

毛泽东怎样写文章 / 梁衡著. -- 北京：东方出版社，2025. 6. -- ISBN 978-7-5207-4216-0

I . A841.68

中国国家版本馆 CIP 数据核字第 20253UV567 号

毛泽东怎样写文章
MAO ZEDONG ZENYANG XIE WENZHANG

作　　　者：	梁　衡
策划编辑：	鲁艳芳
责任编辑：	杭　超
出　　　版：	东方出版社
发　　　行：	人民东方出版传媒有限公司
地　　　址：	北京市东城区朝阳门内大街 166 号
邮政编码：	100010
印　　　刷：	鸿博昊天科技有限公司
版　　　次：	2025 年 6 月第 1 版
印　　　次：	2025 年 6 月北京第 1 次印刷
开　　　本：	710 毫米 ×1000 毫米　1/16
印　　　张：	14.75
字　　　数：	183 千字
书　　　号：	ISBN 978-7-5207-4216-0
定　　　价：	59.80 元
发行电话：	（010）85924663　85924644　85924641

版权所有，违者必究

如有印装质量问题，我社负责调换，请拨打电话：（010）85924602

目录

第一章 毛泽东怎样写文章

文章大家毛泽东·····················002
毛泽东怎样写文章···················021
毛泽东文章中的修辞研究·············084
怎样学习毛泽东的文风···············114

第二章 文章之外的毛泽东

假如毛泽东去骑马···················134
这思考的窑洞·······················151
韶山毛泽东图书馆记·················157
红毛线,蓝毛线·····················162
西柏坡赋···························169
一棵怀抱炸弹的老樟树···············171

第三章 怎样写出好文章

说文风——《文风四谈》序···········176
说经典·····························180
文章三层美·························184
怎样区分低俗、通俗和高雅···········187
提倡写大事、大情、大理·············190
文章五诀···························195
美文是怎样写成的···················198

第一章

毛泽东怎样写文章

文章大家毛泽东

今年是毛泽东同志诞辰 120 周年,他离开这个世界已三十七年。政声人去后,尘埃落定,对他的功过已有评说,以后也许还会争论下去。但对文章大家的他研究得还不够,这笔财富有待挖掘。毛泽东曾说过,革命要靠枪杆子和笔杆子。他手下有十名元帅以及包括十名大将在内的将军一千零四十人(1955 年第一次授衔),从井冈山会师到定都北京,抗日、驱蒋,谈笑间强敌灰飞烟灭,何等潇洒。打仗,他靠的是指挥之能;驭将,他靠的是用兵之能。但笔杆子倒是一辈子须臾不离手,毛笔、钢笔、铅笔,笔走龙蛇惊风雨,白纸黑字写春秋。

虽然他身边也有几个秀才,但也只是伺候笔墨,实在不能为之捉刀。他那种风格、那种语言、那种做派,是浸到骨子里、溢于字表、穿透纸背的,只有他才会有。中国是个文章的国度,青史不绝,文章不绝。向来说文章有汉司马、唐韩柳、宋东坡、清康梁,群峰逶迤,连绵不绝。毛泽东算是一个,也是文章群山中一座巍峨的险峰。

一、思想与气势

毛泽东文章的特点首在磅礴凌厉的气势。毛泽东是政治家、思想家，不同于文人雕虫画景、对月说愁，他是将政见、思想发之于文章，又借文章来平天下的。

陆游说："汝果欲学诗，工夫在诗外。"文章之势是文章之外的功夫，是作者的胸中之气、行事之势。势是不能强造假为的，得有大思想、真城府。我在《美文是怎样写成的》一文中曾说到古今文章作者可分两类：一类是文人、专业作家，另一类是政治家、思想家。文人之文情胜于理，政治家之文理胜于情。理者，思想也。写文章，说到底是在拼思想。只有政治家才能总结社会规律，借历史交替、风云际会、群雄逐鹿之势，纳雷霆于文字，排山倒海，摧枯拉朽，宣扬自己的政见。毛泽东的文章属于这一类。这种文字不是用笔写出来的，是作者全身心社会实践的结晶。劳其心，履其险，砺其志，成其业，然后发之为文。文章只是他事业的一部分，如冰山之一角，是虎之须、凤之尾。我们可以随便举出一些段落来看毛泽东文章的气势：

> 我们中华民族原有伟大的能力！压迫愈深，反动愈大，蓄之既久，其发必速。我敢说一怪话，他日中华民族的改革，将较任何民族为彻底。中华民族的社会，将较任何民族为光明。中华民族的大联合，将较任何地域任何民族而先告成功。诸君！诸君！我们总要努力！我们总要拼命的向前！我们黄金的世界，光华灿烂的世界，就在前面！
>
> 《民众的大联合》

这还是他在中国共产党成立前的五四时期，刚要踏入"江湖"的文章，真是鸿鹄一飞便有千里之志。明显看出，这篇文章有梁启超《少年中国说》的影子。文章的气势源于对时代的把握，毛泽东在中华人民共和国成立前的每个历史时期都能高瞻远瞩，甚至力排众议地发出振聋发聩之声。

当党内外对农民运动有动摇和微词时，他大声说：

革命不是请客吃饭，不是做文章，不是绘画绣花，不能那样雅致，那样从容不迫，文质彬彬，那样温良恭俭让。革命是暴动，是一个阶级推翻一个阶级的暴烈的行动。

《湖南农民运动考察报告》

井冈山时期，革命处于低潮，他甚至用诗一样的浪漫语言预言革命高潮的到来：

它是站在海岸遥望海中已经看得见桅杆尖头了的一只航船，它是立于高山之巅远看东方已见光芒四射喷薄欲出的一轮朝日，它是躁动于母腹中的快要成熟了的一个婴儿。

《星星之火，可以燎原》

当抗日战争处在最艰苦的相持阶段，许多人苦闷、动摇时，他发表了著名的《论持久战》，指出：

武器是战争的重要的因素，但不是决定的因素，决定的因素是人不是物。力量对比不但是军力和经济力的对比，而且是人力和人心的对比。

抗日战争是持久战，最后胜利是中国的——这就是我们的结论。

再看解放战争中他为新华社写的新闻稿：

　　英勇的人民解放军二十一日已有大约三十万人渡过长江。渡江战斗于二十日午夜开始，地点在芜湖、安庆之间。国民党反动派经营了三个半月的长江防线，遇着人民解放军好似摧枯拉朽，军无斗志，纷纷溃退。长江风平浪静，我军万船齐放，直取对岸，不到二十四小时，三十万人民解放军即已突破敌阵，占领南岸广大地区，现正向繁昌、铜陵、青阳、荻港、鲁港诸城进击中。人民解放军正以自己的英雄式的战斗，坚决地执行毛主席和朱总司令的命令。
　　　　　　　　　　　　《我三十万大军胜利南渡长江》

我军"摧枯拉朽"，敌军"纷纷溃退"，"长江风平浪静"。你看这气势，是不是有《过秦论》中秦王振四海、制六合的味道？

再看他1949年在中国人民政治协商会议第一届全体会议上的开幕词：

　　诸位代表先生们，我们有一个共同的感觉，这就是我们的工作将写在人类的历史上，它将表明：占人类总数四分之一的中国人从此站立起来了。
　　让那些内外反动派在我们面前发抖吧，让他们去说我们这也不行那也不行吧，中国人民的不屈不挠的努力必将稳步地达到自己的目的。

这是一个胜利者的口吻，时代巨人的口吻。中华人民共和国成立后，美国搞核讹诈，他说："帝国主义和一切反动派都是纸老虎。"古今哪一个文章大家有这样的气势！

从上面所举毛泽东不同时期的文章能看出他对自己的事业充满信心。为文要有丹田之气，不可装腔作势。古人论文，讲气，气贯长虹，力透纸背。韩愈搞古文运动，就是要恢复两汉文章的质朴之气，他每为文前先读一遍司马迁的文章，为的是借一口气。以后人们又推崇韩文，再后又推崇苏东坡文，都有雄浑、汪洋之势。苏东坡说："吾文如万斛泉源，不择地皆可出。在平地滔滔汩汩，虽一日千里无难。及其与山石曲折，随物赋形，而不可知也。"他们的文章之所以有气势，是因为有思想，有个性的思想。

毛泽东的文章也有思想，而且是时代的思想，是一个先进的政党、一支战无不胜的队伍的思想。毛泽东也论文，他不以泉比，而是以黄河来比。1913年，毛泽东在《讲堂录》中说："文章须蓄势。河出龙门，一泻至潼关。东屈，又一泻至铜瓦。再东北屈，一泻斯入海。当其出伏而转注也，千里不止，是谓大屈折。行文亦然。""才不胜今人，不足以为才；学不胜古人，不足以为学。"无论才学，他都是立志要超今人和古人的。如果说苏文如泉之涌，他的文章就是海之波涛了。

二、说理与用典

毛泽东文章的第二个特点是知识渊博，用典丰富。

中国传统的治学方法重在继承，从小孩子入私塾那一天起就背书，先背了一车经典、宝贝入库，以后用时再一件一件拿出来。

毛泽东青年时正当五四运动前后，新旧之交，是受过这种训练的。他自述其学问，从孔夫子、梁启超到拿破仑，什么都读。作为党的领袖，他的使命是从外国借来马克思主义，领导中国人民推翻一个旧中国。要让中国的民众和他领导的干部懂得他的思想，就需要用中国人熟悉的旧知识和人民的新实践去注解，就是他常说的马克思主义中国化。这是一件真本事、大本事，要革命理论、传统知识和革命实践三样皆通，缺一不可。不仅要对中国的传统典籍烂熟于心，还要能翻新改造，结合当前的实际。在毛泽东的书中我们几乎随处可见他恰到好处的用典。

这有三种情况。一是从典籍中找根据，证目前之理，比如在《为人民服务》中引司马迁的话：

> 人总是要死的，但死的意义有不同。中国古时候有个文学家叫做司马迁的说过："人固有一死，或重于泰山，或轻于鸿毛。"为人民利益而死，就比泰山还重；替法西斯卖力，替剥削人民和压迫人民的人去死，就比鸿毛还轻。张思德同志是为人民利益而死的，他的死是比泰山还要重的。

这是在一个战士的追悼会上的讲话，作为领袖，除表示哀悼，还要阐明当时为民族解放事业牺牲的意义。他一下拉回两千年前，解释我们这个民族怎样看待生死。你看，司马公有言，自古如此，你不能不信，一下子增加了文章的厚重感。司马迁的这句话也因毛泽东的引用而被赋予了新的含义，广为流传。忠、孝、仁、义，是中国传统的道德观。毛泽东在延安党的活动分子会议上却给出了新的解释：

> 特别忠于大多数人民，孝于大多数人民，而不是忠孝于少数人。对大多数人有益处的，叫做仁；对大多数人利益有关的事情处理得当，叫义。对农民的土地问题、工人的吃饭问题处理得当，就是真正的行仁义者。

这就是政治领袖和文章大家的功力：能借力发力，翻新经典，为己所用；既弘扬了民族文化，又普及了经典知识。

二是到经典中找方法，以之来比喻阐述一种道理。

毛泽东的文章大部分是论说文，是说给中国的老百姓或中低层干部听的。所以搬出中国人熟悉的故事，以典证理成了他常用的方法。这个典不一定客观存在，但它的故事家喻户晓，蕴含的道理颠扑不破。如党的七大闭幕词这样重要的文章，不但行文简短，只有千数字，而且还讲了一个《愚公移山》的寓言故事，真是一典扛千斤。毛泽东将《水浒传》《西游记》《三国演义》等文学作品当哲学、军事著作素材来用，深入浅出，生动活泼。他在《中国革命战争的战略问题》中这样来阐述战争中的战略战术：

> 谁人不知，两个拳师放对，聪明的拳师往往退让一步，而蠢人则其势汹汹，劈头就使出全副本领，结果却往往被退让者打倒。
>
> 《水浒传》上的洪教头，在柴进家中要打林冲，连唤几个"来""来""来"，结果是退让的林冲看出洪教头的破绽，一脚踢翻了洪教头。

孙悟空在他的笔下，一会儿比作智慧化身，钻入铁扇公主的肚子里；一会儿比作敌人，跑不出人民这个如来佛的手心。1938年4月在抗大的一次讲话中，他甚至还从唐僧的坚定、八戒的吃苦、孙悟空的灵活中概括出了八路军、新四军的"三大作风"。像这样重要的命题，这样大的方针，他都能从典故中轻松地信手拈来，从容化出。所以，他的报告总是听者云集，欢声笑语，毫无理论的枯涩感。他是真正把古典融入现实，把实践融进了理论。

三是为了增加文章的渲染效果，随手拿来一典，妙趣横生。

在《别了，司徒雷登》中，他这样来写美国对华政策的破产："总之是没有人去理他，使得他'茕茕孑立，形影相吊'，没有什么事做了，只好挟起皮包走路。"这里用了中国古典散文名篇《陈情表》里的句子。司徒雷登孤立、无奈、可怜的样子，永远定格在中国人的记忆中。就司氏本人来说，他对中国还是很有感情的，也为中国特别是为中国的教育事业做了不少好事。但阴差阳错，他在历史变革的关键时刻扮演了一个特殊角色，也就只好背上了这个形象。

毛泽东的用典是出于行文之必需的，绝不卖弄，不故作高深地掉书袋。他是认真地研究并消化了经典的，甚至认真到考据癖的程度。如1958年刘少奇谈到贺知章的《回乡偶书》："少小离家老大回，乡音无改鬓毛衰。儿童相见不相识，笑问客从何处来。"以此来说明唐代在外为官不带家眷。毛泽东为此翻了《旧唐书》《全唐诗话》，然后给刘少奇写信说：

唐朝未闻官吏禁带眷属事，整个历史也未闻此事。所以不可以"少小离家"一诗便作为断定古代官吏禁带眷属的充分证明。自从听了那次你谈到此事以后，总觉不甚妥当。请你再考一考，可能你是对的，我的想法不对。睡不着觉，偶触及此事，故写了这些，以供参考。

现在庐山图书馆还保存着毛泽东在庐山会议期间的借书单，从《庐山志》、《昭明文选》、《鲁迅全集》到《安徒生童话》，内容极广。这里引出一个问题：一个领袖首先是一个读书人，一个读了很多书的人，一个熟悉自己民族典籍的人。他应该是一个博学的杂家，只是一方面的专家不行，只读自然科学不行，要读社会科学，读历史，读哲学。因为领导一个政党、一场斗争、一个时代，靠的是战略思维、历史经验、斗争魄力和人格魅力。这些只有到历史典籍中去找，在数理化和单一科目中是找不到的。一个不会自己母语的公民不是合格的公民，一个不熟悉祖国典籍的领袖不是合格的领袖。

三、讽刺与幽默

毛泽东文章的第三个特点是充满辛辣的讽刺和轻松的幽默。不装不假，见真人性。

人一当官就易假，就要端个架子，这是官场的通病。越是大官，架子越大，越不会说话。毛泽东是在党政军都当过一把手的，仍然嬉笑怒骂，这不容易。当然他的身份让他有权这样，但许多人就是洒脱不起来。权力不等于才华。毛泽东的文章虽然都是严肃重要的指示、讲话、决定、社论等，又都是在残酷的战争环境中生成的，但是并不死板，并不压抑。透过硝烟，我们随处可见文章中对敌辛辣的讽刺和对自己人幽默的谈吐。讽刺和幽默都是轻松的表现，是举重若轻。我可以用十二分的力打倒你，但我不用，我只用一根银针轻刺你的穴道，你就疼痛难忍，哭笑不得，扑身倒地，这是讽刺；我可以用长篇大论来阐述明白一个问题，但我不用，我只用一个笑话就妙解其理，让你在轻松愉快中茅塞顿开，这是幽默。总之是四两拨千斤。这是一个领袖对自己的事业、力量和韬略有充分信心的表现。毛泽东曾自信地说："我们的事业是正义的。正义的事业是任何敌人也攻不破的。"

我们先看他的讽刺。对国民党不敢发动群众抗战，毛泽东在审阅《解放日报》社论稿《衡阳失守后国民党将如何？》时写道：

可是国民党先生们啊，这些大好河山，并不是你们的，它是中国人民生于斯、长于斯、聚族处于斯的可爱的家乡。你们国民党人把人民手足紧紧捆住，敌人来了，不让人民自己起来保卫，而你们却总是"虚晃一枪，回马便走"，据说这是"磁铁战术"，实际则是永远抛弃主动权，永远不要人民的战术，人民已经看穿你们这个"西洋景"了。

《一切政治的关键在民众》

辽沈战役敌军大败，毛泽东这样为新华社写消息：

从十五日至二十五日十一天内，蒋介石三至沈阳，救锦州，救长春，救廖兵团，并且决定了所谓"总退却"，自己住在北平，每天睁起眼睛向东北看着。他看着失锦州，他看着失长春，现在他又看着廖兵团覆灭。总之一条规则，蒋介石到什么地方，就是他的可耻事业的灭亡。

《东北解放军正举行全线进攻》

他讽刺党八股像"懒婆娘的裹脚,又长又臭",是"只有死板板的几条筋,像瘪三一样,瘦得难看,不像一个健康的人"。真是个漫画高手。

我们再看他的幽默。毛泽东一生担军国之重任,不知经历了多少危急关头、艰难局面,但这些在他的笔下常常是付之一笑,用太极推手轻松化解,这不容易。长征是人类历史上少有的苦难历程,毛泽东却乐观地说:"长征是宣言书,长征是宣传队,长征是播种机。自从盘古开天地,三皇五帝到于今,历史上曾经有过我们这样的长征吗?"在延安文艺座谈会上,讲到文化的重要性时他说:"我们有两支军队,一支是朱(德)总司令的,一支是鲁(迅)总司令的。"(正式发表时改为"拿枪的军队"和"文化的军队"。)他在对斯诺讲到自己的童年时,风趣地说:"我家分成两'党'。一个就是我父亲,是执政'党'。反对'党'由我、我母亲和弟弟组成。"斯诺听得哈哈大笑。

关于社会主义经济这样大的理论问题,他说:

> 搞社会主义,不能使羊肉不好吃,也不能使南京板鸭、云南火腿不好吃,现在云南没有火腿了吗?不能使物质的花样少了,布匹少了,羊肉不一定照马克思主义做,在社会主义社会里,羊肉、鸭子应该更好吃,更进步,这才体现出社会主义比资本主义进步,否则我们在羊肉面前就没有威信了。
>
> 1956年1月20日在关于知识分子问题的会议上的讲话

1939年7月9日，他对即将上前线的陕北公学（后来的华北联合大学）师生讲话，以《封神演义》故事作比：

> 姜子牙下昆仑山，元始天尊赠了他杏黄旗、四不像、打神鞭三样法宝。现在你们出发上前线，我也赠给你们三样法宝，这就是：统一战线、武装斗争、党的建设。

这是比兴手法，只借"三样法宝"的字面同一性。1957年，他在对我国留苏学生讲话时说："从今以后，西风压不倒东风，东风一定要压倒西风。"这也是借《红楼梦》里林黛玉的话，与原意无关，只借"东风""西风"的字意。文章有意荡开去，显得开阔、轻松，好似从远处往眼前要说的这个问题上搭了一座引桥。鲁迅先生也曾有这样的用法：

> 还有一种特别的丸药：败鼓皮丸。这"败鼓皮丸"就是用打破的旧鼓皮做成；水肿一名鼓胀，一用打破的鼓皮自然就可以克服它。清朝的刚毅因为憎恨"洋鬼子"，预备打他们，练了些兵称做"虎神营"，取虎能食羊，神能伏鬼的意思，也就是这道理。
>
> 《父亲的病》

毛泽东是很推崇鲁迅的，他深得其笔法。

尖锐的讽刺，见棱见角，说明他眼光不凡，总能看到要害；轻松幽默的谈吐，不慌不忙，说明他的度量和睿智，肚子里有货。毛泽东之后中国的领路人邓小平也是非常幽默的。1978年10月，邓小平访问日本，这是一次打破僵局、恢复邦交、学习先进的破冰之旅，任务很重。邓小平说，我来目的有三，一是互换条约；二是看看老朋友；三是像徐福一样，来寻"仙草"的。日本人听得笑了起来。他们给邓小平最好的接待，给他看最先进的技术和管理。苦难出人才，时势造英雄，这是一种多么拿得起、放得下的潇洒。我们常说，领袖也是人，但领袖必须是一个有个性、有魅力的真实的人，照葫芦画瓢是当不了领袖的。

四、通俗与典雅

毛泽东文章的第四个特点是通俗与典雅完美地结合。记得我第一次接触毛泽东的文章是在中学的历史课堂上，没耐心听课，就去翻书上的插图，看到《新民主主义论》的影印件，如蚂蚁那么小的字，一下子就被它的开头几句所吸引："抗战以来，全国人民有一种欣欣向荣的气象，大家以为有了出路，愁眉锁眼的姿态为之一扫。但是近来的妥协空气，反共声浪，忽又甚嚣尘上，又把全国人民打入闷葫芦里了。"我不觉眼前一亮，一种莫名的兴奋，这是一种从未见过的文字，说不清是雅，是俗，只觉得新鲜，很美。放学后回家，我就找来大人读的《毛泽东选集》读。我就是这样沿着山花烂漫的曲径小路，一步一步直到政治大山的深处。

毛泽东既是乡间成长起来的知识分子，又是战火中锻炼出来的领袖。在学生时期他就受过严格的古文训练，后来在长期的斗争生涯中，一方面和工农兵朝夕相处，学习他们的语言；另一方面又手不释卷，和文学书籍、小说、诗词、曲赋、笔记等缠裹在一起，须臾不离。他写诗、写词、写赋、作对、写新闻稿和各种报告、拟电稿。如果抛开他的军事、政治活动，他完全够得上一个文人，就像党的早期领导人李大钊、陈独秀、瞿秋白一样。毛泽东与他们的不同之处是多了与工农更密切的接触。所以毛泽东的文章典雅与通俗共存，朴实与浪漫互见。时常有乡间农民的语言，又能见到唐诗、宋词里的句子。忽如老者炕头说古，娓娓道来；又如诗人江边行吟，感天撼地。

我们先看一段他早期的文字，这是他1916年在游学的路上写给友人的信：

> 今朝九钟抵岸，行七十里，宿银田市……一路景色，弥望青碧，池水清涟，田苗秀蔚，日隐烟斜之际，清露下洒，暖气上蒸，岚采舒发，云霞掩映，极目遐迩，有如画图。今夕书此，明日发邮……欲以取一笑为快，少慰关垂也。
>
> 《致萧子升信》

这封手书与王维的《山中与裴秀才迪书》、徐霞客的《三峡》相比如何？其文字清秀不分伯仲。我们再看他在抗战时期写的《祭黄帝陵》：

> 赫赫始祖，吾华肇造；胄衍祀绵，岳峨河浩。
> 聪明睿智，光被遐荒；建此伟业，雄立东方。
> 世变沧桑，中更蹉跌；越数千年，强邻蔑德。
> 琉台不守，三韩为墟；辽海燕冀，汉奸何多！
> 以地事敌，敌欲岂足；人执笞绳，我为奴辱。

懿维我祖，命世之英；涿鹿奋战，区宇以宁。
岂其苗裔，不武如斯；泱泱大国，让其沦胥。
东等不才，剑屦俱奋；万里崎岖，为国效命。
频年苦斗，备历险夷；匈奴未灭，何以家为？
各党各界，团结坚固；不论军民，不分贫富。
民族阵线，救国良方；四万万众，坚决抵抗。
民主共和，改革内政；亿兆一心，战则必胜。
还我河山，卫我国权；此物此志，永矢勿谖。
经武整军，昭告列祖；实鉴临之，皇天后土。
尚飨！

从此文我们可以看出他深厚的古文功底。毛泽东在延安接受斯诺采访时说，他学习韩愈文章是下过苦功的，如果需要，他还可以写出一手好古文。我们看他早期的文字何等地典雅。但是为了斗争的需要、时代的需要，他放弃了自己熟悉的文体，学会了使用最通俗的语言。他说讲话要让人懂，反对使用"霓裳"之类的生僻词。请看这一段：

我们都是来自五湖四海，为了一个共同的革命目标，走到一起来了。我们还要和全国大多数人民走这一条路。我们今天已经领导着有九千一百万人口的根据地，但是还不够，还要更大些，才能取得全民族的解放。

《为人民服务》

再看这一段：

> 此间首长们指示地方各界切勿惊慌，只要大家事前有充分准备，就有办法避开其破坏，诱敌深入，聚而歼之。今春敌扰河间，因我方事前毫无准备，受到部分损失，敌部亦被其逃去。此次务须全体动员对敌，不使敢于冒险的敌人有一兵一卒跑回其老巢。
> 《动员一切力量歼灭可能向石家庄进扰之敌》

你看"走到一起""还不够""切勿惊慌""就有办法"等，这完全是老百姓的语言，是一种面对面的告诫、谈心。虽然是大会讲话、新闻稿，但是通俗得明白如话。典雅也并没有丢掉，他也有许多端庄、严谨、气贯长虹的文章，如：

> 夺取全国胜利，这只是万里长征走完了第一步。如果这一步也值得骄傲，那是比较渺小的，更值得骄傲的还在后头。在过了几十年之后来看中国人民民主革命的胜利，就会使人们感觉那好像只是一出长剧的一个短小的序幕。剧是必须从序幕开始的，但序幕还不是高潮。中国的革命是伟大的，但革命以后的路程更长，工作更伟大，更艰苦。这一点现在就必须向党内讲明白，务必使同志们继续地保持谦虚、谨慎、不骄、不躁的作风，务必使同志们继续地保持艰苦奋斗的作风。我们有批评和自我批评这个马克思列宁主义的武器。我们能够去掉不良作风，保持优良作风。我们能够学会我们原来不懂的东西。我们不但善于破坏一个

旧世界，我们还将善于建设一个新世界。中国人民不但可以不要向帝国主义者讨乞也能活下去，而且还将活得比帝国主义国家要好些。

《在中国共产党第七届中央委员会第二次全体会议上的报告》

而更多的时候却是"既上得厅堂，又下得厨房"，亦庄亦谐，轻松自如。如：

若说：何以对付敌人的庞大机构呢？那就有孙行者对付铁扇公主为例。铁扇公主虽然是一个厉害的妖精，孙行者却化为一个小虫钻进铁扇公主的心脏里去把她战败了。柳宗元曾经描写过的"黔驴之技"，也是一个很好的教训。一个庞然大物的驴子跑进贵州去了，贵州的小老虎见了很有些害怕。但到后来，大驴子还是被小老虎吃掉了。我们八路军新四军是孙行者和小老虎，是很有办法对付这个日本妖精或日本驴子的。目前我们须得变一变，把我们的身体变得小些，但是变得更加扎实些，我们就会变成无敌的了。

《一个极其重要的政策》

毛泽东的文章堪称"文章五诀"——形、事、情、理、典的典范。无论是政论文、讲话稿，还是电报稿等各类文体，他都能随手抓来一个形象，借典说理或借事言情，深入浅出。毛泽东的文章开创了政论文从未有的生动局面，工人、农民看了不觉为深，专家、教授读了不觉为浅。

毛泽东是有大志的人，他永远有追求不完的目标。其中一个目标就是放下身段，当一个行吟的诗人，当一个作家。他多次说过要学徐霞客，要顺着长江、黄河把祖国大地丈量一遍。他又是一个好斗争的人。他有一句名言："与天奋斗，其乐无穷；与地奋斗，其乐无穷；与人奋斗，其乐无穷。"

其实除了天、地、人，毛泽东的革命生涯中还有一个斗争对象，就是文风。他对群众语言、古典语言是那样地热爱，对教条主义的语言、官僚主义的语言是那样地憎恨。在延安整风运动中，他把文风与学风、党风并提，讨伐"党八股"，给它列了八大罪状，说它是对五四运动的反动，是不良党风的最后一个"防空洞"。

1951年6月6日，《人民日报》发表长篇社论，号召正确使用祖国语言，毛泽东在改稿时特别加了几句："我们的同志中，我们的党政军组织和人民团体的工作人员中，我们的文学家教育家和新闻记者中，有许多是精通语法、会写文章、会写报告的人。这些人既然能够做到这一步，为什么我们大家不能做到呢？当然是能够的。"

后来我们渐渐机关化了，文件假、大、空的语言多了，毛泽东对此极为反感，甚至是愤怒，他严厉要求领导干部亲自写文章，不要秘书代劳。他在1958年9月2日写的一封信中批评那些空洞的官样文字："讲了一万次了，依然纹风不动，灵台如花岗之岩，笔下若玄冰之冻。哪一年稍稍松动一点，使读者感觉有些春意，因而免于早上天堂，略为延长一年两年寿命呢！"他是一辈子都在和"党八股"的坏文风作斗争的。

五、功过与才艺

毛泽东的功过自有评说，我们这里要说的是勿让功过掩盖了他的才艺,勿因情感好恶忽略了他的文章。比如他的书法,大多数人都能认同。因为书法更偏重形式艺术,离内容较远。其实写文章也是一门艺术,也有许多形式方面的规律和技巧。毛泽东虽是职业政治家,但其文采却为后人敬仰。"文章千古事,纱帽一时新。君看青史上,官身有几人?"不像我们现在的一些干部,退休后一没有会开,就坐卧不宁,无所适从。

其实这也不是新问题。古代的皇帝、宰相也分两种:有的人一旦离世,其政治影响力随之消散,所谓"人亡政息";而有些人即使离世,仍然活在自己的业余生活中或艺术成就里。这与他们的政绩没有多大关系。如魏武帝的诗、李后主的词、宋徽宗的画,还有范仲淹的《岳阳楼记》。艺术就是艺术。当年骆宾王起草了《代李敬业讨武曌檄》,武则天看后鼻子都气歪了,但还是忍不住夸奖是好文章。文章的最后一句"请看今日之域中,竟是谁家之天下"名传后世,抗战时毛泽东还将它作了社论的标题。骆武之争,人们早已忘记,而这篇文章却成了檄文的样板。可见文章是一门独立的学问。

细读毛泽东的文章,特别是他独特的语言风格,足可自立为一门一派,只可惜常被政治所掩盖。今年是毛泽东同志诞辰120周年,红尘过后,斯人远去,还有必要静下心来研究一下他的文章。这至少有两个用处:一是专门搞写作的人可从中汲取一点营养,特别是注意补充一点文章外的功夫,好直起文章的腰杆;二是身在高位的人向他学一点写作,这也是工作的一部分,能增加领导的魅力。打天下靠笔杆子,治天下更要靠笔杆子。

2013年1月21日写毕,2月10日(正月初一)改定
《人民日报》2013年2月28日整版刊发

毛泽东怎样写文章

毛泽东是政治领袖，不是一般的文人或专业作家。他的文章源于他的政治生活。一般来讲，政治家的文章天生高屋建瓴，有雄霸之气；又理多情少，易生枯燥之感。但毛泽东巧妙地扬长避短，其文章既标新立异，又光彩照人。毛泽东之后有许多人学他，不仅也写文章，还出书，但迄今还没有人能超过他。可知历史有自己的定位，万事有其理，文章本天成，不以哪个人的意志为转移。

历史上能写政治美文的大家不多。毛泽东说："在中国历史上，不乏建功立业之人，也不乏以思想品行影响后世的人，前者如诸葛亮、范仲淹，后者如孔、孟等人。但二者兼有，即'办事兼传教'之人，历史上只有两位，即宋代的范仲淹和清代的曾国藩。"这也可以看出毛泽东心中的文章观和伟人观。造就这种人大概有三个条件：一是有非凡的政治阅历和政治眼光；二是有严格的文章训练，特别是要有童子功的基础；三是能将政治转化为文学，有艺术的天赋。可见一个政治领袖的美文是时代铸就，天生其才。

由于毛泽东青年时正当新旧之交，他既有旧学的功底，又有新学的思想。他一生处于战争和政治的旋涡中，形格势逼，以文章打天下，不得不搜尽平生所学，拿出十八般武艺来应对复杂的局面。但正是这种实践造就了他文章的多样性。从大会的报告、讲话到新闻稿、评论、署名文章、电报、命令、公告、书信，再到祝词、祭文等，无所不包。这在古今作家、政治家中是绝无仅有的。检索中国政治文库，贵为皇帝，只用诏书、批奏；权臣重相也只有谏、表、书、奏之类；八大家文人也不过是记、赋、辞、说。就是近现代的中外政治家也不过再加上演讲、报告。而毛泽东几乎用尽了中国古今文库中的所有文体，信手拈来，指东打西，挥洒自如。

什么是文章？文章的广义定义是：有内容的单篇的文字。就是说它只要能传达一定的信息，以文字形式来表现，就是文章。如很多应用文。但如果文章篇幅很长，分出许多章节就变成书本了。因此，文章的狭义定义是：表达思想内容并能产生美感的单篇文字。这里就有了限制，就是说不只是有内容，还得有美感。我们常说的文章其实是这个狭义的定义，如唐宋八大家的文章。

文章不仅传播了一定的思想信息，还有美感、艺术价值和审美价值。所以，文章是为思想和美而写的。如公文类文章属于前者，我们一般说写通知、写命令、写决定等，而不说写文章；散文、论文属于后者，我们可以说写文章；新闻类介乎二者之间，但是偏重应用类，属于消极修辞，主要是传播事实信息，我们说写消息、写通讯，或说写新闻稿，也不说写文章。而为新闻所写的评论既表达思想，又注意美感，所以称写文章。

为了研究的方便，我们可以把毛泽东常用的文体大概分为四大类，或者说四种文章，即讲话文章、公文文章、新闻文章和政论文章。从本质上讲，前两类文章都是广义的文章，是为某项具体工作而为的，是面对专门的工作对象，是"小众"，不是"大众"。第三类虽是面对"大众"，但并不强调美感。只有第四类是狭义上的文章，是真正意义上的文章。除以思想开导人，还要以情动人，以文美感人。毛泽东才高八斗，在可能的情况下，不管哪一类，他都一律写成美文。下面我们一一分析他怎样写这些文章。

一、毛泽东怎样写讲话文章

1. 领袖的讲话是民众智慧的结晶

讲话文章是从讲话、谈话、演说而来的文章。之所以独立成题拿来分析，有这样几个理由：一是讲话永远是工作的一部分，过去是，将来还是，是干部的必修课，不可回避；二是由讲话而来的文章比一开始就用笔写的文章别有一种味道，有独特的风格和规律；三是讲话文章在中国散文中是个新品种，诸子散文有谈话式，但还未形成完备的文章结构。到唐宋八大家、明清小品、梁启超等一路下来都是"写"文章，"说"文章的还没有。讲话、演说是进入近代社会特别是民主革命兴起后而大盛的。讲话而后又整理成文，携讲话之势，存讲话之风，又合文章规律，毛泽东是集大成者。所以研究毛泽东的讲话文章，无论从学术角度还是从指导现实角度都是有必要的。

讲话，向来是政治领袖生命的一部分，也是他们文章中的一个分支。一个一生没有精彩演说和讲话的领袖，就像一个跑龙套的演员。

毛泽东一生在各种大小会上有无数的讲话与报告，后来有不少形成了文字。在他的四卷《毛泽东选集》和八卷《毛泽东文集》中共收有约一百一十九篇。我们可以把这些称作"讲话文章"或"口头文章",它们是从讲话而来,而且是从一个始终在一线领导火热斗争的领袖的口中而来,于是便有了它们的唯一性。天下官员何其多,讲话何其多,官员印发自己的文章何其多,但像毛泽东这样的讲话风格进而成文的却不多。

这类文章的特点是:一要主题鲜明,作者有鼓动家的本事,一席话就能使懦者勇,贪者廉,愚者悟,愤然图进;二要言语生动,作者有艺术家的本事,让人听得当场眉飞色舞、心花怒放。说到底就是思想性加艺术性。因为是面对面、现对现地交流,最考验讲话者的才华。讲话者既要肚子里有货,又要能临场发挥。

毛泽东的讲话文章又可分为两类:一类是大型会议的报告,另一类是各种专门会议的讲话或即席发言。

毛泽东在大型会议上的报告(包括开幕词、闭幕词)高屋建瓴,雍容大方,最见领袖风度。一般都是为阐述或解决某一个阶段性的关键课题,分析形势,提出任务,制订目标,总结号召。其结论常为历史发展所验证,成为时代的里程碑。如红军时期的《关于纠正党内的错误思想》(古田会议决议的一部分)、《中国的红色政权为什么能够存在?》(中共湘赣边界第二次代表大会决议的一部分);抗战时期的《中国共产党在抗日时期的任务》(中国共产党全国代表会议上的报告)、《战争和战略问题》(第六届中央委员会扩大的第六次全体会议上所作结论的一部分)、《新民主主义论》(在陕甘宁边区文化协会第一次代表大会上的演讲)、《论联合政府》(中国共产党第七次全国代表大会上的政治报告);解放战争时期的《关于重庆谈判》(在延安干部会上的报告)、《目前形势和我们的任务》(在陕北米脂县杨家沟召集的会议上的报告)、《在中国共产党第七届中央委员会第二次全体会议上的报告》(在中国人民革命全国胜利的前夜召开的会议）等。

　　毛泽东在各种专门会议、座谈会上的讲话、谈话，针对的是某一个问题。这类会议不像前面那种大型的、战略性的重要会议，要作较长准备，仔细论证。它们甚至是突然性、遭遇式的，所以总是有的放矢，击中要害，且常有现场感，即使半个世纪后读来仍如在眼前，有一种促膝谈心、拈花指月的灵动之情。这更见毛泽东的浪漫与风采。如《在延安文艺座谈会上的讲话》《改造我们的学习》《反对党八股》《对晋绥日报编辑人员的谈话》，还有出访苏联时与我国留苏学生的谈话，等等。

　　毛泽东的一生几乎不停地开会、讲话。我们现在的大小官员也还是在不停地开会、讲话。这里引出一个问题，讲话是干什么用的？人为了表达思想有两个手段：一是用嘴说，二是用手写，即语言和文字。说，又不只是简单地告诉，还会有相互的讨论、交流、集中，这就是会议，所以会议就成了工作的主要手段。一个重要的会议常常成了一个党派、政权甚至一个时代的标志点或里程碑。世界上不存在没有会议的运动，也不存在没有会议的事业。于是讲话、报告就成了一门专门的学问，一门解析、鼓动、号召的学问，特别是成了政治家的专利。

　　一场革命，一个大的群众实践活动，是靠一个个会议讨论、集中而推广开来的。而领袖在会议上的讲话则是这个团体和民众智慧的结晶。既做了领导者，履责、施政的第一关就是有口才、善总结、会分析、能鼓动。革命者、改革者所面对的总是一堆难题、一块坚冰、一团乌云，要靠它的领袖集大众之思、聚胸中之气，口吐长虹、破冰扫云。古今中外之革命、改革，特别是近代以来无不如此。像国外的华盛顿、丘吉尔、卡斯特罗，民国政治人物孙中山、胡适、冯玉祥等都是演说好手，甚至演说成瘾。过去我们把开国皇帝称为"马上天子"，意即亲自打仗、开创基业。以后的太子们坐享其成，就大多无"马上"之能了。近现代的开国领袖则首先是"演说领袖"，因为革命的第一件事就是宣传、动员。

2. 领袖人物要讲新话，讲自己的话，而不是念秘书的稿子

我在政界的多年间不知接待过多少来自上面的视察和下面的汇报，生动者不多，可笑者不少。一次我们举办一个小型内部工作展览，请领导视察。看罢，在小会议室坐下，上茶，静候指示。不料领导从上衣西服口袋里掏出两页讲话稿，照读了一遍，全场愕然。这讲稿一定是昨夜小楼又东风，秘书挑灯抄拼成。我百思不解，今日所看之事，怎能入得昨夜之稿？

又某次到某省采访，听各方汇报工作，一二十个厅局长一律低头念稿。会议室内，唯闻念经之声，只少一个木鱼。我无奈，只好提一个小小的要求：请发言者抬头看着我的眼睛。然而抬头不到一秒钟，又低头看稿找字，其局促、羞涩之态仿佛是第一次相亲见人。后来我曾为此在《人民日报》写了一篇文章《这些干部怎么不会说话》。无论大小干部已不能、不会正常使用讲话这个文体、这个最基本的工作手段，可知党内部分人作风僵化、能力退化已到多么可怕的程度。

讲话本来是一种交流，一个随机采集、同步加工的过程，是一种即席的创作。它必然伴随着一种活泼灵动的文风，而由此产生的文字也会更鲜明、更生动。好比树木的嫁接、美酒的勾兑，或者如长江与嘉陵江的汇合，在无形的交融中产生一个新的品系、新的风格。应该说自有文章以来，口头文学就是书面文章不断更新复壮的

源泉，从古老的《诗经》到宋元平话、明清小说，直到今天的手机"段子"，一刻也没有停止过。

胡适曾说，真正的文学史要到民间去找，上了书的都已经变味。而能保证书面文字不变味、不变僵、不变空、不变假的，只有口语。而口语来自生活。对一个领袖人物来说就是要讲新话，讲自己的话，用自己的发现、自己的腔调讲出有思想、有个性的话，而不是念稿。就像毛泽东用湖南腔讲"中国人民从此站起来了"，邓小平用四川话讲"不管白猫黑猫，抓住老鼠就是好猫"。没有个性的语言，就没有个性的领袖。

有的领导则是念稿、背稿，甚至腔调也学播音员，几年也听不到一句属于他自己的话。肢有残，可为帅；不能言，毋为政。中国战国时期的军事家孙膑，髌骨被剜，坐在车上打败了仇敌庞涓。美国出了一个著名的总统罗斯福，有点残疾，坐着轮椅照样在第二次世界大战中领导美国战胜法西斯。讲话实为领袖的第一素质，而许多著名的演说也作为文学名篇传之后世。如丘吉尔的就职演说、卡斯特罗的《历史将宣判我无罪》等。

毛泽东作为领袖，起码在讲话方面是称职的（当然他还有政治、军事、文学等更多方面的成就）。他有实践，有创造，把讲话艺术发挥到了极致，有自己的个性。

第一，他的讲话有王者之气，舍我其谁，气壮山河，是宋玉说的大王之风。不像有的领导一上台就紧张，一念稿子就出汗。

你看，他宣布："占人类总数四分之一的中国人从此站立起来了。"他说："中国人民将会看见，中国的命运一经操在人民自己的手里，中国就将如太阳升起在东方那样，以自己的辉煌的光焰普照大地，迅速地荡涤反动政府留下来的污泥浊水，治好战争的创伤，建设起一个崭新的强盛的名副其实的人民共和国。"真是气贯长虹。他到重庆谈判,讲了四十多天的话,会上讲,会下讲,与各种人谈。山城特务如林,暗夜如磐。戴笠甚至制订了以"便于随时咨询政务"为名扣留毛泽东的计划。但毛泽东的王者之气、潇洒之风,彻底打破了这种妄想。他的讲话气势磅礴、掷地有声,驱散了雾都的阴霾,朋友欢呼,顽敌止步,他胜利归来。

第二,他的讲话有灵动之美。尖锐、敏感、善交流、不木讷、不怯场,能始终把握现场,牵引听众。

中国有句古话叫"扶不起的天子",不是给你个位置你就会演戏。位高之人讲话时常犯两个毛病:或者底气不足,声音发抖;或者爱装个样子,拿腔拿调,失去真我。这都是不自信的表现。毛泽东本来就是中国革命大舞台的总导演兼主角,何惧一场演说、一次谈话?相反,讲话、演说正是他与这个大舞台的有机融合。再看他在延安人民追悼平江惨案死难烈士大会上发表的演说:

> 今天是八月一日,我们在这里开追悼大会。为什么要开这样的追悼会呢?因为反动派杀死了革命的同志,杀死了抗日的战士。现在应该杀死什么人?应该杀死汉奸,杀死日本帝国主义者。但是,中国和日本帝国主义者打了两年仗,还没有分胜负。汉奸还是很活跃,杀死的也很少。革命的同志,抗日的战士,却被杀死了。
>
> "限制",现在要限制什么人?要限制日本帝国主义者,要限制汪精卫,要限制反动派,要限制投降分子。(全场鼓掌)为什么要限制最抗日最革命最进步的共产党呢?
>
> 《必须制裁反动派》

1957年他出访苏联，谈判紧张，难以抽身，但我国留学生求见心切，在学校礼堂一直等了七个小时，不见不走。毛泽东从外事活动现场赶来，发表了热情、风趣、理性的即席讲话。至今还传为美谈。这是真领袖，有魅力。古往今来有各种领袖，"扶不起的天子"与"真命天子"的区别之一就是敢不敢讲话。前者是时势牵着他的话语走，后者是他的讲话牵着时代走。

第三，言语通俗，善用修辞，讲话不但好懂，又很风趣。对于这个特点，在此不赘述，《文章大家毛泽东》中已有介绍。

第四，毛泽东虽是大知识分子，但不是经院派，始终和农民、工人、战士、干部生活在一起，他上接孔孟，下连工农，已做到集那个时代语言之大成。王明等人由苏联乘飞机经新疆归来，他在延安的欢迎会上说，今天是喜从天降，我们在这里欢迎从昆仑山上下来的"神仙"。1939年他在延安讲："我们用延安作风打败西安作风。"在延安文艺座谈会上，他说："我们有两支军队，一支是朱（德）总司令的，一支是鲁（迅）总司令的。"在1956年1月中共中央召开的关于知识分子问题的会议上，他讲，现在技术革命是革愚蠢同无知的命，靠我们老粗是不行的。现在打仗，飞机要飞到一万八千公尺的高空，超音速，不是过去骑着马了，没有高级知识分子是不行的。1956年4月在中共中央政治局扩大会议上，他说："艺术问题上的百花齐放，学术问题上的百家争鸣，我看应该成为我们的方针。""'百家争鸣'，这是两千年以前就有的事，春秋战国时代，百家争鸣。"

你看，说昆仑山下来"神仙"，是从《封神演义》而来；从延安作风到西安作风；由朱总司令风趣地过渡到鲁总司令；说到要用高级知识分子，就要高到一万八千公尺的高空；由春秋战国时的百家争鸣到现在的"双百"方针。毛泽东熟练地运用比喻、对称、拈连、借代、反差等修辞格，大幅度的时空调动，这样的演讲自然趣味横生。

第五，这也是最重要的，无论报告还是讲话，他总能上升到理性的高度，得出经得起实践和时间检验的结论，许多警句广为流传。

一首歌好听不好听，看它是不是能流传开来，能流传多少年；一个领导人的讲话好不好，看其中的句子能不能让人记住，让人引用，能存在多少年。好的句子是思想的结晶，是文章的名片，是文章传播的商标，能提升文章的品位和知名度。毛泽东的讲话是一个领袖在指导工作，不是一个官员在应付，更不是一个小学生在背书。他的许多讲话、报告就是他对时局、对某个理论的研究成果。即使延安窑洞里那样艰苦的条件，那样紧张的战斗，他还是坚持读书、写作，认真准备讲稿。

奠定了抗日战争战略思想的《论持久战》就是毛泽东于1938年5月26日至6月3日在延安抗日战争研究会上的长篇讲演。而即使是在一个普通战士追悼会上的讲话，也能谈及人生观、生死观，产生了"为人民服务"这样的名言。出访在外，接见留学生的即席谈话也有"世界是你们的，也是我们的，但是归根结底是你们的。你们青年人朝气蓬勃，正在兴旺时期，好像早晨八、九点钟的太阳。希望寄托在你们身上"和"世界上怕就怕'认真'二字，共产党就最讲'认真'"这样的名言。这是真正的政治家、学问家的讲演，他胸有成竹，词从口出，既无政客式的作秀也没有刻意去附庸什么风雅。虽然许多现场讲话在后来发表时做了一些修改，但那种轻松、自然、活泼、灵动的风格却留存下来，这是一种内功，单从字面上是永远学不来的。

现在收入《毛泽东选集》《毛泽东文集》中的约一百一十九篇"讲话文章"无不体现了毛泽东的这种风格。对一个干部来讲，会讲话，是能力的表现；对一个领袖来讲，会讲话，是领导力的表现。而全党上下讲真话、讲新话，不讲空话、套话，则是一个政党的生命力的表现。

二、毛泽东怎样写公文文章

公文者，因工作而行的文字。因为这是具体事务，通常由公务人员来做。在封建时代衙门里有专职的师爷，后来又叫书记、文案、幕僚、秘书之类。他们是专职的公文写作人员，精于此道，研究此道，时间长了这也就成了一门学问，出了不少人才，留下了一些名文。如原为李密义军书记，后成了唐太宗名臣的魏徵；徐敬业起兵反武则天，曾为徐幕僚起草了著名的《代李敬业讨武曌檄》的骆宾王；蒋介石的"文胆"陈布雷。总之，这些公文文章，作为一把手的领袖很少亲为。

但毛泽东与人不同，战争时期的他虎帐拟电文，依马草军书，撒豆成兵。进入建设时期，各种情况送达，案牍如山，他又批示、拟稿，甚至还亲自理稿子、写按语、编书。这确实是中外政治史和领袖丛中的一个特例。半是军情、政情所迫，他的亲政、勤政之习；半是才华横溢，文采自流。

1. 亲自动手，不要人代劳

毛泽东一生亲自起草了大量的公文，如决议、通知、指示、决定、命令、电报等。现收入四卷《毛泽东选集》和八卷《毛泽东文集》中的公文共三百四十八篇。毛泽东是把"亲自动手"作为一项指令、一种要求、一个规定，下发全党严格推行的。这也是他倡导的工作作风，并以身作则，率先垂范。他在1948年为党内起草的

《关于建立报告制度》中要求:"各中央局和分局,由书记负责(自己动手,不要秘书代劳),每两个月,向中央和中央主席作一次综合报告。"1958年起草的《工作方法六十条(草案)》第三十八条规定"不可以一切依赖秘书""要以自己动手为主,别人辅助为辅"。

"亲自动手"事关勤政敬业,事关党风。草拟公文是一个领袖起码的素质。我们不是衙门里的老爷,是为民的公仆,况且所干之事大多为新情况、新问题,必须边调查研究,边行文试行,边总结提高。公文是工作的工具,是撬动难题的杠杆,草拟公文当然是领导人的工作。正如不能由别人代替吃饭一样,草拟公文也不能完全由部下代替。领导人的才干、水平在亲拟的公文中体现,也在这个过程中增长并不断提高。

毛泽东在西柏坡期间,一年中亲手拟电报四百零八封,指挥了三大战役,迎来了新中国的诞生。夺取政权靠枪杆子,更靠笔杆子。笔杆子是战略、策略、思想、方法;枪杆子是实力、武器、行动。毛泽东是用笔杆子指挥着枪杆子夺取政权的。中国革命的胜利靠的是毛泽东思想,而从一定程度上说,靠的是毛泽东的一支笔。他从不带枪,却须臾离不开笔,天天写字行文。在指导公文方面,毛泽东甚至殚精竭虑,不厌其烦,经常提醒工作人员:"校对清楚,勿使有错""打清样时校对勿错",还经常为公文改错。

1953年4月,毛泽东发现他的一个批示印错,便写信:

尚昆同志:

　　第一页上"讨论施行"是"付诸施行"之误,印错了,请发一更正通知。

毛泽东　四月七日

1958年6月《红旗》杂志第一期刊登毛泽东的《介绍一个合作社》，他发现多了一个"的"字，即写信：

陈伯达同志：

  第四页第三行多了一个"的"字。其他各篇，可能也有错讹字，应列一个正误表，在下期刊出。

毛泽东　六月四日

  1958年成都会议期间印了毛泽东主持选编的有关四川的古诗词，阅初稿时毛泽东指出十一页二行、十三页十三行各有一错。经查是李商隐《马嵬》中的"空闻虎旅传宵柝"错为"奉旅"；韦庄《荷叶杯》中的"花下见无期"错为"花不"。

  这好像不可理解，不该是大人物去干的事。但毛泽东、周恩来、李大钊、陈独秀等常常这样做。周恩来就常为了文件上的用词戴着老花镜查字典。他们把这看得很有必要，又很平常。语言专家季羡林先生也常说不要羞于查字典。真是大音希声，深水不波。而我们现在的一些领导干部，不肯自己写公文，却爱寻词觅句，去做作秀文章。

2. 公文必须准确、平实，禁用空话、套话

  公文属于应用文、实用文，首先应该实用，陈言务去，不要套话，直指核心。如果说毛泽东的讲话文章多偏重思想理论的务虚，这一类则是实打实、一对一的工作指导，直接办公。公文不是用嘴，是用笔，它遵循的既是文字写作的规律，又是指导工作的原则。所以一要准确，二要平实。准确，就是说出你的思想、你的要求，一

针见血,到底要干什么。战争时期,形势瞬息万变,中华人民共和国成立初期,百废俱兴,都容不得半点含糊。平实,就是有什么说什么,想要解决什么问题就说什么,不要东拉西扯,穿靴戴帽。同样,那时的形势也容不得你虚与委蛇。

毛泽东在1951年1月主持制定的《关于纠正电报、报告、指示、决定等文字缺点的指示》中特别加了一段:"一切较长的文电,均应开门见山,首先提出要点,即于开端处,先用极简要文句,说明全文的目的或结论(现代新闻学上称为'导语',亦即中国古人所谓'立片言以居要,乃一篇之警策'),唤起阅者的注意,使阅者脑子里先得一个总概念,不得不继续看下去。"这就是说公文的目的是要人知道你要干什么,你想解决什么问题。他在《反对党八股》中说:"共产党员如果真想做宣传,就要看对象,就要想一想自己的文章、演说、谈话,写字是给什么人看、给什么人听的,否则就等于下决心不要人看,不要人听。"

以毛泽东草拟的《再克洛阳后给洛阳前线指挥部的电报》(1948年4月8日)为例:

此次再克洛阳,可能巩固。关于城市政策,应注意下列各点。

一、极谨慎地清理国民党统治机构,只逮捕其中主要反动分子,不要牵连太广。

二、对于官僚资本要有明确界限,不要将国民党人经营的工商业都叫作官僚资本而加以没收。对于那些查明确实是由国民党中央政府、省政府、县市政府经营的,即完全官办的工商业,应该确定归民主政府接管营业的原则。

但如民主政府一时来不及接管或一时尚无能力接管，则应该暂时委托原管理人负责管理，照常开业，直至民主政府派人接管时为止。对于这些工商业，应该组织工人和技师参加管理，并且信任他们的管理能力。如国民党人已逃跑，企业处于停歇状态，则应该由工人和技师选出代表，组织管理委员会管理，然后由民主政府委任经理和厂长，同工人一起加以管理。对于著名的国民党大官僚所经营的企业，应该按照上述原则和办法处理。对于小官僚和地主所办的工商业，则不在没收之列。一切民族资产阶级经营的企业，严禁侵犯。

三、禁止农民团体进城捉拿和斗争地主。对于土地在乡村家在城里的地主，由民主市政府依法处理。其罪大恶极者，可根据乡村农民团体的请求送到乡村处理。

四、入城之初，不要轻易提出增加工资减少工时的口号。在战争时期，能够继续生产，能够不减工时，维持原有工资水平，就是好事。将来是否酌量减少工时增加工资，要依据经济情况即企业是否向上发展来决定。

五、不要忙于组织城市人民进行民主改革和生活改善的斗争。要等市政管理有了头绪，人心已经安定，经过周密调查，弄清情况和筹有妥善解决办法的时候，才可以按情况酌量处理。

六、大城市目前的中心问题是粮食和燃料问题，必须有计划地加以处理。城市一经由我们管理，就必须有计划地逐步解决贫民的生活问题。不要提"开仓济贫"的口号。不要使他们养成依赖政府救济的心理。

七、国民党员和三青团员，必须妥善地予以清理和登记。

八、一切作长期打算。严禁破坏任何公私生产资料和浪费生活资料，禁止大吃大喝，注意节约。

九、市委书记和市长必须委派懂政策有能力的人担任。市委书记和市长应该对所属一切工作人员加以训练，讲明各项城市政策和策略。城市已经属于人民，一切应该以城市由人民自己负责管理的精神为出发点。如果应用对待国民党管理的城市的政策和策略，来对待人民自己管理的城市，那就是完全错误的。

全文九百多个字，条分缕析，将中国共产党进入城市后遇到的新问题、新政策说得一清二楚，既好理解，又便于执行。

不要以为准确、平实是起码、简单的要求，人人都能做到。而实际情况是平实最难，正如真人难做。官场的通病是官一当大、当久了就有了架子。这"架子"一是为掩饰自己的空虚、低能；二是有意形成一个框子、套子，既能套住别人，自己又可偷懒，照葫芦画瓢。无论是一个团体、政党还是政府，当上下都已形成老一套时，领导者是最好驾驭的，但这个团体、政党、政府也就老了。与这个"老"相配套的就是空话、老话、套话，写文章就拿腔拿调。韩愈、欧阳修反对的时文是这样，明清的八股文是这样，延安整风运动中反对的党八股也是这样。党老则僵，政老则虚，师老兵疲，文走形式，这是政治规律也是文章规律。

3. 文章、文件尽量要短

毛泽东在《反对党八股》中说："我们有些同志欢喜写长文章，但是没有什么内容，真是'懒婆娘的裹脚，又长又臭'。""现在是在战争的时期，我们应该研究一下文章怎样写得短些，写得精粹些。延安虽然还没有战争，但军队天天在前方打仗，后方也唤工作忙，文章太长了，有谁来看呢？有些同志在前方也喜欢写长报告。他们辛辛苦苦地写了，送来了，其目的是要我们看的。可是怎么敢看呢？长而空不好，短而空就好吗？也不好。我们应当禁绝一切空话。但是主要的和首先的任务，是把那些又长又臭的懒婆娘的裹脚，赶快扔到垃圾桶里去。"

毛泽东说的长文之风，现在已是见怪不怪。一个不管什么活动的通知，也要"指导思想""宗旨""目的""内容""组织领导"等，一段一段地套。好像长江大桥，前后引桥很长，而就是一步可跨的小河，也要修这么长的引桥。我们看毛泽东指挥三大战役的电文，最长的一篇《关于平津战役的作战方针》也不超过两千字；党中央撤出延安、转战陕北这么大的事，只发了两个文件：一个指示，一个通知，加起来七百多个字。再看他为人民英雄纪念碑拟的碑文：

  三年以来，在人民解放战争和人民革命中牺牲的人民英雄们永垂不朽！

  三十年以来，在人民解放战争和人民革命中牺牲的人民英雄们永垂不朽！

  由此上溯到一千八百四十年，从那时起，为了反对内外敌人，争取民族独立和人民自由幸福，在历次斗争中牺牲的人民英雄们永垂不朽！

碑文只有一百二十三个字，英雄不朽，文字不朽。"文化大革命"后期，知青问题成了一大社会难题，这是毛泽东当初号召知青上山下乡所始料不及的。为推动解决问题，也是一种表态，毛泽东给反映问题的人回了一封信，并公开发表，信只有三十四个字："李庆霖同志：寄上三百元，聊补无米之炊。全国此类事甚多，容当统筹解决。"就是这三十四个字的信，开始了知青运动的转折。

现在是和平时期，祖国大地上已没有枪声，我们就更喜欢喝着茶开会，摆开架子念报告，传达一个文件，动辄上万字。这在当年是不可想象的。真正有权威的上级机关或个人是从来不须多言的。只有无权威时才拉旗扯皮，虚造声势，才要长文。而文章一长，人们不读不看等于没有写。明知无用为什么还要写、要发呢？因为是公文，是权力文章，可以滥用职权，而滥用职权的结果是脱离群众，脱离实际，政治腐败。什么是政治？孙中山说是治理众人之事，毛泽东说是把我们的人搞得多多的。失去了人众（听公文、执行公文的人），失去了人心，追随者愈来愈少，就党亡政息。历史从来都是如此。又长又空的文风是亡党毁政之兆。魏晋的清谈、明清的八股就是例证。

4. 尽可能生动，多一点美感

文字写作是一个庞大的体系。公文在修辞上以消极修辞为主，核心是平实，往往也很枯燥，但毛泽东写公文也力求生动。他的审美追求无处不在，于鲜明、准确、实用之余，居然还有几分潇洒，这又见出他文人气质的一面。

一般来讲，公文写作要求明白、简洁，不一定求美，但是不能折磨人。这就像吃饭，不一定是多么好的美味，但你不能总往饭里掺沙子，这谁受得了？作为领袖，毛泽东每天要看多少公文，你老折磨他，他也是要发脾气的。

1958年9月2日，他震怒了，在《对北戴河会议工业类文件的意见》中说："我读了两遍，不大懂，读后脑中无印象。将一些观点凑合起来，聚沙成堆，缺乏逻辑，准确性、鲜明性都看不见，文字又不通顺，更无高屋建瓴、势如破竹之态。"

在毛泽东眼里，公文要起调动情绪、统一思想、指导工作的作用。怎样才起作用？除了内容，还靠语言的生动和美的感召。他说"修正文件，字斟句酌，逻辑清楚，文字兴致勃勃"，使人看了"解决问题，百倍信心，千钧干劲，行动起来"。公文主要是说事、说理，但也不完全排斥形、情、典，用得好事半功倍。

中国是个文章的国度，自古实行文官政治，先过科举再当官，到当上官时文章大都过关，所以许多公文亦是美文，被传为佳话。李密的《陈情表》是一封写给皇上的拒绝当官的信，丘迟的《与陈伯之书》是一封两军阵前的劝降书，魏徵的《谏太宗十思疏》是一份议政的奏折。这些都是常选不衰、留存于文学史的。

现存于《毛泽东选集》《毛泽东文集》中毛泽东的约三百四十八篇公文中亦有不少美文，如《祭黄帝陵》《中国人民解放军宣言》等。毛泽东在《中国人民解放军宣言》中说："总而言之，蒋介石二十年的统治，就是卖国独裁反人民的统治。到了今天，全国绝大多数人民，地无分南北，年无分老幼，都认识了蒋介石的滔天罪恶，盼望本军从速反攻，打倒蒋介石，解放全中国。"这是绝妙的用典，用蒋介石在抗日声明中的名言来打蒋介石的耳光。再如这样的句子："本军全体指挥员、战斗员同志们！我们现在担负了我国革命历史上最重要最光荣的任务，我们应当积极努力，完成自己的任务。我伟大祖国哪一天能由黑暗转入光明，我亲爱同胞哪一天能过人的生活，能按自己的愿望选择自己的政府，依靠我们的努力来决定。"这是号召，是动员，也是抒时代之情。

三、毛泽东怎样写新闻文章

什么是新闻？新闻是受众关心的新近发生的事实的信息传递。

毛泽东领导中国人民进行伟大的解放事业，重大事件无时无刻不在发生，又无时无刻不受到国内外受众的关注。就连斯诺这样的西方记者，也要突破千重阻隔来报道毛泽东和他的伟大事业。写新闻本来不该是毛泽东或政治领袖们干的事情，他们是新闻的主体，是创造时势的英雄，是被采访的对象，各国领袖亲自上阵写新闻的也确实少见。但毛泽东要亲自操刀，而且还留下了五十二篇写作和修改的新闻作品（见《毛泽东新闻工作文选》，新华出版社1983年12月版）。这在中外政治史和新闻史上也是罕见的。

可能有一个原因，中国革命是农民革命，队伍中的文化人不多，人手不够，毛泽东急而无奈，只好亲自上阵。当然还有一个理由，毛泽东未当领袖时就在北大旁听一些课程，参加了学校的哲学会、新闻学会，又回湖南创办刊物。他身怀绝技，技痒难熬，关键时刻别人撰的稿又不合他意，便拨开众人，亲自拍马上阵。他也确实技高一筹，留下了不朽的新闻名篇和几段新闻佳话。

毛泽东怎样写新闻？有两个鲜明的特点：一是讲政治，有高度，有气势，留下了时代印痕；二是语言生动、简洁，有个性。说到底是杀鸡用牛刀,冰山露一角,这是一个政治家、文学家在借媒体的一角来做文章。本来新闻这个行当有两个重要的助手:政治和文学。汝欲学新闻,功夫新闻外,政治制高点,文学为翅膀。毛泽东政治引领,文学润色,这种新闻以外的功夫,不是普通记者、报人所能比的。

1. 用政治家的眼光写新闻

毛泽东是大政治家,在他眼里,新闻不是新闻,是名为新闻,而实质是政治(新闻有四个属性:信息、政治、文化、商品)。他是把新闻当作政治,当作军事棋盘上的棋子来用的。在著名的《对晋绥日报编辑人员的谈话》中,开篇第一句就是:"我们的政策,不光要使领导者知道,干部知道,还要使广大的群众知道。"他在《〈政治周报〉发刊理由》中说,反攻敌人的方法就是"忠实地报告我们革命工作的事实"。他亲自动笔,用新闻稿、评论、发言人谈话、按语等多种形式来向群众宣传,反击敌人。

1945年,蒋介石要破坏和平,挑起内战。胡宗南欲进攻陕甘宁边区,毛泽东立即写了《爷台山战事扩大》揭其阴谋,制敌于未动。1948年,蒋介石、傅作义欲偷袭石家庄,威胁已进驻西柏坡的党中央。毛泽东写了《华北各首长号召保石沿线人民准备迎击蒋傅军进扰》,将蒋军之兵力、部署公之于报端,敌虽出兵,见我有备,只好撤回。其实当时我之守备实在空虚,这是一出名副其实的空城计。而当我军进入反攻阶段后,毛泽东的新闻稿《中原我军占领南阳》《我三十万大军胜利南渡长江》《人民解放军百万大军横渡长江》《南京国民党反动政府宣告灭亡》,又是一声声进军的号角。这些新闻稿都是政治炸弹。

虽然是从政治上着眼，为战略服务，但是毛泽东的新闻稿仍然写得有板有眼，时间、地点、人物、现场等新闻要素一应俱全。他是用新闻来翻译政治。下面仅举一例：

[新华社辽西前线二十七日十七时急电]由沈阳进至辽西的蒋军五个军，已全部被我包围和击溃。我军俘敌数万，现正猛烈扩张战果中。此五个军，即新一军、新三军、新六军、七十一军、四十九军，全部美械装备，由廖耀湘统率，锦州作战时即由沈阳进至新民、彰武、新立屯地区。锦州攻克，长春解放，该敌走投无路，全部猬集黑山、北镇、打虎山①地区，企图逃跑。我军迅移锦州得胜之师回头围歼，飞将军从天而降，使该敌逃跑也来不及。蒋军尚有五十二军、五十三军、青年军整编二〇七师（辖三个旅）及各特种部队、杂色部队，在沈阳、铁岭、抚顺、本溪、辽阳、新民、台安等处，一部占我海城、营口，连廖兵团在内，共有二十二个正规师，加上其他各部，共约二十万至三十万人，为蒋军在东北的主力。廖兵团五个军，则为其主力中的主力。从十五日至二十五日十一天内，蒋介石三至沈阳，救锦州，救长春，救廖兵团，并且决定了所谓"总退却"，自己住在北平，每天睁起眼睛向东北看着。他看着失锦州，他看着失长春，现在他又看着廖兵团覆灭。总之一条规则，蒋介石到什么地方，就是他的可耻事业的

---

① 打虎山，今名大虎山，位于辽宁省锦州市黑山县南部。

灭亡。我东北人民解放军全军现正举行全线进攻，为歼灭全部蒋军而战。

《东北解放军正举行全线进攻》

这条消息又是一颗政治炸弹，是对战场形势和国共两党斗争态势的深刻剖析。

开始一句导语"蒋军五个军，已全部被我包围和击溃"之后，就不厌其烦地将战事的时间、地点、过程、结果反复交代，甚至敌军的番号、位置、路线也说得极详细具体。因为是决战的关键时刻，受众（包括敌我双方）对战场上每时每刻的势态、军力变化都极为关注。不要小看这一点，我们现在的许多记者、通讯员经常在稿件中丢掉重要细节，读者最想知道的要素他们就是不说。究其原因是受众意识淡漠。

1917年，徐宝璜在北京大学首开新闻学课程时就强调"新闻是阅者所关心之最近之事实"。可惜中华人民共和国成立后半个多世纪，新闻教科书中关于新闻的定义都不提"受众"（阅者）。特别是长期以来，机关报一统天下，形成了"我说你听"的坏文风，更忽视了这个最基本的新闻规律。平时记者写稿经常以我为主，忘了读者是上帝。没有人看的新闻，说了没用，构不成新闻；受众关心的新闻，你说不全，等于白说，也构不成新闻。没有受众，就没有新闻，就这么简单。学术中许多最基本的原理并不高深，只是自然的存在，只要到实践中一悟就知。

毛泽东的军事新闻稿都是用来长我志气、瓦解敌军、扭转形势的，有极强的指向性，在这里他使用新闻要素（军情）如同用兵。相信每读到新闻稿中一个被歼灭的敌军番号，我军民都为之一振，而蒋介石则心中一阵剧痛。用事实说话，这就是新闻的力量，也正如毛泽东在《〈政治周报〉发刊理由》中连说的四个"请看事实"。

2. 用个性的语言写新闻

长期以来，我们的报纸、广播所刊发的新闻，读来、听来都是一个味儿，谓之"新华体"，没有了个性。我们常说"文如其人"，语言就是作者的镜子，能照见他的风采。毛泽东的新闻语言简练、通俗。这也是新闻写作最基本的要求，但又是最难的，难在出新，难在简练、通俗，共性之中的个性。

新闻语言有两个源头。一是电报语，要求简而明。因为当初报纸的消息都是电文，以字算钱，不能奢侈，逼你精短。二是口语。新闻要被阅读和传播，要求通俗易懂，尽可能口语化。可惜"经院派""新华体"都做不到这一点。毛泽东古文底子深，长期以电文指导战争和工作，惜墨如金，字字珠玑；又长期与工农兵朝夕相处，声息相通，言语交融。他能将这二者完美地结合，很难得。

如"锦州攻克，长春解放，该敌走投无路，全部猬集黑山、北镇、打虎山地区，企图逃跑。我军迅移锦州得胜之师回头围歼，飞将军从天而降，使该敌逃跑也来不及"，这两句基本上是古文、电文的味道，特别如"猬集黑山""迅移锦州""飞将军从天而降"更有书卷气，但到最后一句"该敌逃跑也来不及"则完全是口语，真是大俗大雅。类似的句式在其他新闻稿中还有不少，如"敌亦纷纷溃退，毫无斗志，我军所遇之抵抗，甚为微弱。此种情况，一方面由于人民解放军英勇善战，锐不可当；另一方面，这和国民党反动派拒绝签订和平协定，有很大关系。国民党的广大官兵一致希望和平，不想再打了，听见南京拒绝和平，都很泄气"（《人民解放军百万大军横渡长江》）。这就是毛泽东的文章，也是毛泽东新闻稿的魅力，严肃时如宣言，平易处像说话，以叙述为主，却贮满感情，工人、农民读了不觉为深，专家、教授读了不觉为浅，这种语言的功夫有几人能够达到？

3. 新闻之外的功夫，叙事之外的"情"与"理"

按常规，消息就是客观事实的报道，就是客观叙述，作者不能抒情，不能评论，如实在有话要说，再另写言论。但毛泽东不管这一套，写稿如用兵，不循常规，想说就说，舍我其谁。如《东北解放军正举行全线进攻》的结尾处"从十五日至二十五日十一天内，蒋介石三至沈阳，救锦州，救长春，救廖兵团，并且决定了所谓'总退却'，自己住在北平，每天睁起眼睛向东北看着。他看着失锦州，他看着失长春，现在他又看着廖兵团覆灭。总之一条规则，蒋介石到什么地方，就是他的可耻事业的灭亡。我东北人民解放军全军现正举行全线进攻，为歼灭全部蒋军而战"，应该说这已超出本消息的事实，可以不要，但毛泽东意犹未尽，随手一笔点评，辛辣地讽刺、调侃、嘲弄，更有一种必胜的豪情。

如《中原我军占领南阳》除开头一句导语说最新事实，整篇都是对形势的叙述评论，结尾一句调侃加幽默"王凌云到襄阳，大概是接替宋希濂当司令官。但是从南阳到襄阳，并没有走得多远，襄阳还是一个孤立据点，王凌云如不再逃，康泽的命运是在等着他的"。这种笔法后人是学也学不来的，只有欣赏的份儿了。他是在写新闻，但这是一个政治家笔下的新闻，是"名新闻"，实政治。杀鸡用牛刀，冰山露一角。所谓经典就是空前绝后，因为你再也不可能重回那个时代，不可能有毛泽东那样的经历，那样的气势，那样的修养。大道无形，许多艺术领域都是只可意会。如梁启超说不要去学苏东坡的书法，因为你是学不到的。

在政治家、文章家毛泽东的眼里，新闻不只是"名新闻"，更是政治、更是文学。当年在湖南第一师范时，毛泽东热心读报，细心研究模仿梁启超的报章文字，在北京大学旁听新闻理论，在长沙办《湘江评论》，在广州办《政治周报》，他借新闻的外衣来裹滚烫的政治，来吹起响亮的战斗号角。他的新闻稿一有新闻之规，二有政治之势，三有文学之美。呜呼，唯其人才有其文，又唯其时才得其文，这恐怕也只能是绝唱了。

除了新闻消息，毛泽东还为媒体写了许多社论、时评、声明、按语、发言人谈话等，都尖锐泼辣，生动活泼，在中国人民解放的大潮中，犹如风助火势，起到摧枯拉朽的作用。中华人民共和国成立后，毛泽东通过新闻工作指导实践，主要体现在对社论文章的修改。可惜时势已异，尽管毛泽东的新闻思想仍具有深远意义，但新闻工作难以再现过去的高峰。

四、毛泽东怎样写政论文

1. 政论文就是政治加文学

毛泽东写得最多的是政论文，而且大多都写成了美文。本来政论文就是由两个部分组成：政治加文学。这是两个基本点。可惜近年来，文学因素常被忽视，政论文也成了枯燥、生硬的代名词而被异化出散文领域。殊不知，中国古代散文中，政论文一直占据着重要地位，有许多优秀的篇章恰恰出自政论题材和政治家之手。

政论就是论政，是在进行政治斗争、政治建设，写作之前心中有论敌，有靶子，言必中的；写作中笔下有论点、论据，以理服人。论文是政治家最常用的武器，一个政治领袖不会写论文，犹如一个战士不会打枪。政论文是中国文章史的脊梁，从贾谊到梁启超，代代相续，玉树常青。一部政治文章史就是一部政治发展史，与中国的朝代更替、时代变革相缠相绕，绵延不绝。

政论文是以文论政，是用文学谈政治，是笑谈真理。一个政治家开会、谈话、制定策略、领导战争和建设等，是搞政治。此外，还有一个重要的目的就是宣传自己的思想，这要用到文字，要借助文学之美，不仅要入理，还要动情。

毛泽东是熟读并仔细研究过前人的政论文的，汲取了他们的营养，也学习了他们的技法。毛泽东最佩服贾谊，说他是两汉最好的政论家。毛泽东还推崇范仲淹、曾国藩，说他们既能做事，又会写文章。他又曾有一段时间模仿梁启超的文章，说梁启超是他写作的老师。他最推崇鲁迅，说："他用他那一支又泼辣，又幽默，又有力的笔，画出了黑暗势力的鬼脸，画出了丑恶的帝国主义的鬼脸，他简直是一个高等的画家。"他说朱自清的文章也好，但不如鲁迅有战斗性。毛泽东是仔细研究过怎样把政治写得更文学一些的。

毛泽东的文章是典型的政治家文章。一是有强烈的战斗性，不离政纲，旗帜鲜明，指向明确，绝无呻吟之作。毛泽东说："与天奋斗，其乐无穷；与地奋斗，其乐无穷；与人奋斗，其乐无穷。"在他的文章里能体会到他与政敌搏斗的无穷乐趣。他把笔杆子当作战斗的武器，而毫无文人吟风弄月，玩弄文字之习。这是时代使然，一代领袖占据着空前的政治高度，在用文章指挥队伍冲锋陷阵。

二是思想深刻，犀利尖锐，有理有据，绝无空话、套话。他说要用"马克思主义的方法观察问题，提出问题，分析问题和解决问题"，他是从理论的高度解决实践中的问题。

三是学识丰富，用典贴切，是从中国文化、民族传统的角度出发创造性地运用和丰富马克思主义，反过来又发展了中国文化。毛泽东的文章极富有中国特色、中国气魄。这已超出政治范畴而具有了文化意义。

四是有自己个性的语言，虽然是在说政治但并不枯燥，既典雅又通俗，既庄重又幽默，既古典又现代。这语言来自古典文学语言、群众语言、报告讲话语、新闻报章语、公文用语，是熔多种语言于一炉冶炼成的"高强合金"。掷地有声，闪闪发光，斑斓多姿。只有他这样饱读诗书、揭竿起事、信仰马列、历经战火、终成领袖的人，才可能造就这种特别的语言。

依其公务之身和领袖之责，毛泽东文章的内容总脱不了谈工作，谈政治，但是毛泽东骨子里有文人的一面，有追求文章审美的情怀。毛泽东是把政论当文学来做的。毛泽东身上至少有四重身份：政治家、军事家、哲学家、文章家。他是借文学之手来行政治之责，在工作之时不自觉地创作政治美文。这种手写的文章与讲话文章相比多了书面的讲究；与行政公文相比脱去了具体事务的枯燥；与新闻稿相比又跳出了叙事的体例，不受时空环境的限制，常嬉笑怒骂，更见情见理。每篇文章虽都负有专门的指导任务，但从审美角度看，则都已进入了文学领域。或者作者习以为常，竟未察觉，而后人读来益觉其美。

文学与政治的区别在哪里？政治是理，文学是情；政治是权力，是斗争、夺权、掌权，是硬实力，文学是艺术，是审美、怡情，是软实力；政治文章可以强迫人接受（如布告、命令），文学作品只靠情与理来吸引人阅读；政治是要服从遵守的，文学是可以欣赏的。

一篇文章美不美有三个标准：描述的美、抒情的美和哲理的美。在一般专业文人的作品中大都止于前两个层次的美，而一般政治家的文章大都没有前两个层次的美，哲理倒是有一点儿，但又常常表达笨拙、枯燥，也不甚美。我们在毛泽东的文章中除了可以读到深刻的思想，经常能同时欣赏到描述的、抒情的和哲理的美（这在后面有专门介绍）。这是毛泽东文章的一大特点，是毛泽东的过人之处。

中国共产党自成立以来经历过众多领袖，特别是早期领袖大多能文，中华人民共和国成立后的领袖又有大量的写作班子与之为文，但为什么唯有毛泽东的文章独领风骚呢？奥妙就在这一点：毛泽东不仅精通政治，还跨越到文学领域，对古典文学、民间文学、诗词赋等抒情文学、小说笔记等叙事文学，无所不通。

政治美文要能写出美感，能将政治理念表达为美好的可欣赏的东西，这是一门学问，是一门跨界的综合艺术。纯文人或单纯的政治家都干不了。毛泽东是既占有好料又能做出好菜的"大厨"，是空前绝后的散文大家。

除了政论文，同样是服从于政治斗争，毛泽东还熟练地运用了其他文体，如书信体（致宋庆龄、蔡元培、徐特立等的信）、悼亡体（《为人民服务》《纪念白求恩》等）、通电体（类似古代的檄文，如讨汪精卫电）、考察报告（如《湖南农民运动考察报告》）等。对毛泽东来说已分不清是挟着政治风雷在文学领域振聋发聩，标新立异；还是乘着文学的春风，在政治领域移花接木，植松栽柳。他亦文亦政，亦古亦新，古今领袖唯此一人。

2. 关键是有自己的思想：高屋建瓴，唯求出新

如前所述，既然政论文是政治加文学，那么研究政论文的写法就可以简化为两个问题：一是如何表达思想，即它的内容；二是如何提升美感，即它的形式。

思想即文章的观点、主题、立意。这是政论文的灵魂。一篇文章总要给人一点儿新的思想，读了才有用。我们都知道是科学推动着社会的进步，科学又分自然科学和社会科学。前者是靠新的发现、发明，具有杰出成就的科技工作者被称为科学家；后者是靠新的思想，具有政治远见和独特思想的人被称为政治家、思想家。在自然科学界，如果没有新的发现就会被淘汰。在政界，如果没有新的思想，也要被淘汰。

写政论文就像科学家搞科研一样严肃，是靠成果说话的。社会、革命、建设、改革就是他的实验室。政论文是他的实验成果报告。所以政论文好不好第一条看他有没有新思想，看立意的高度、深度。这本来也是政论文所遵从的规律。如贾谊的《过秦论》，讲一个政权为什么覆灭的道理；魏徵的《谏太宗十思疏》，讲一个政权怎样巩固的道理；梁启超的《少年中国说》，讲复兴中华的道理。他们讲得对，讲得好，文章就流传下来了。

毛泽东是20世纪以来最具影响力的伟人之一，是中国处于从封建、半封建社会向民主主义、社会主义社会过渡之时的领袖人物，他站在以往所有巨人的肩膀上，讲20世纪的中国怎样革命、进步。他讲历史唯物主义，讲社会历史的演进之理；讲马克思主义怎样与中国的实际相结合，改造旧中国；讲中国共产党成立和中国革命之理；讲人民战争、民族战争取胜之理；讲群众路线之理；讲辩证唯物主义的哲学之理；等等。这些道理都是可以放到每一本政治、哲学、军事专业书里去讲的，但是毛泽东却用文学的语言，结合当时当地的情况，把它们表达出来。他是用文学讲政治的高手。

毛泽东是政治家，他写文章的目的是宣传、解释党的方针、路线，团结人民向一个目标奋斗，所以无一文章不在说理。高屋建瓴，唯求一新，毛泽东的文章好看，首先是因为他说出了许多新鲜的、深刻的道理。

你看他这样讲革命斗争：

斗争，失败，再斗争，再失败，再斗争，直至胜利——这就是人民的逻辑，他们也是决不会违背这个逻辑的。

《丢掉幻想，准备斗争》

夺取全国胜利，这只是万里长征走完了第一步。如果这一步也值得骄傲，那是比较渺小的，更值得骄傲的还在后头……中国的革命是伟大的，但革命以后的路程更长，工作更伟大，更艰苦。这一点现在就必须向党内讲明白，务必使同志们继续地保持谦虚、谨慎、不骄、不躁的作风，务必使同志们继续地保持艰苦奋斗的作风。

《在中国共产党第七届中央委员会第二次全体会议上的报告》

这样讲战略战术：

外表很强，实际上不可怕，纸老虎。外表是个老虎，但是，是纸的，经不起风吹雨打……比如它有十个牙齿，第一次敲掉一个，它还有九个，再敲掉一个，它还有八个。牙齿敲完了，它还有爪子。一步一步地认真做，最后总能成功。

《美帝国主义是纸老虎》

这样讲批评与自我批评：

要注意听人家的话，就是要像房子一样，经常打开窗户让新鲜空气进来。为什么我们的新鲜空气不够？是怪空气还是怪我们？空气是经常流动的，我们没有打开窗户，新鲜空气就不够，打开了我们的窗户，空气便会进房子里来。

《在中国共产党第七次全国代表大会上的口头政治报告》

这样讲认识论：

什么叫问题？问题就是事物的矛盾。哪里有没有解决的矛盾，哪里就有问题。

《反对党八股》

什么叫工作，工作就是斗争。那些地方有困难、有问题，需要我们去解决。我们是为着解决困难去工作、去斗争的。

《关于重庆谈判》

规律是在事物的运动中反复出现的东西，不是偶然出现的东西。规律既然反复出现，因此就能够被认识。

《读苏联〈政治经济学教科书〉的谈话》

> 我们要使错误小一些，这是可能的。但否认我们会有错误，那是不现实的，那就不是世界，不是地球，而是火星了。
>
> 《不要迷信在社会主义国家里一切都是好的》

在毛泽东之前中国的政治家、文学家的作品中没有讲过这些道理，更没有人用亲身经历来诠释这些道理。我们读毛泽东的文章总是新风扑面，不烦不厌，就是因为他总能说出一点儿新道理，总能把问题说清、说透，让我们茅塞顿开。

政论文最怕没完没了地重复老调。中国历史发展缓慢，与重复旧思想有密切的关系。中国到封建社会的末期因总在重复"子曰"而走向末路；"文化大革命"就是因为总在重复阶级斗争那些老调，再也搞不下去；到1978年真理标准问题讨论前，就是因为推行"两个凡是"，党走向僵化。现在最可怕的是这个报告抄那个报告，这个报纸抄那个报纸，层层重复，天天重复，美其名曰"步调一致，形成合力"，结果味同嚼蜡，没有人看。我们看《毛泽东选集》，每一篇文章都是何等地鲜活。

3. 永不脱离实践：理从事出，片言成典

依托实践，从实际出发写作，借事说理，是毛泽东文章的一大特点。理论本来就源于实践又高于实践，并最终指导实践。政论文就是论政、议政，它既是工作的过程，完成任务的工具，又是工作的结果，是工作这棵大树上的花朵。它虽然也是文学，但它不是叙事文、抒情文，更不是诗词歌赋，它是政治，是真理，在文章诸兄弟中是最秉性严肃而作风实在的一个。它主要不是用来抒情、审美，

而是用来工作，或者是战斗的。

这就带出一个基本问题，政论文的写作必须事出有因，通过具体的事来说理，然后上升到理论。也就是我们常说的理论来自实践，指导实践。这在文学创作中体现为源于生活，高于生活。正如文学与生活不可分，政论文也需要生活——政治生活，单纯在书房里是写不出来的。毛泽东的文章总是自然地从生活中的某件事说起，然后抽出理性的结论。不要小看这一点，这就是为什么政治家、领袖的文章总是比专业作家的文章更有力、更好看。

毛泽东的文章都是依据他所经历的中国革命的大事而成的。从1921年中国共产党成立到1949年中华人民共和国成立，凡中国人民、中华民族经历的大事，毛泽东的文章中都写到了，而且往往是直取核心，如大革命时期的农民运动（《湖南农民运动考察报告》），土地革命战争时期的根据地斗争（《中国的红色政权为什么能够存在？》），抗日战争时期的对日斗争（《论持久战》），解放战争时期的战略、策略（《将革命进行到底》）。甚至一些重要的事件都有专门文章，如西安事变、皖南事变、重庆谈判。我们看毛泽东是怎样从实际斗争中酿造思想的。

重庆谈判，无疑是抗日战争胜利后全国的一件大事。反侵略战争刚刚胜利，国共矛盾又上升为主要矛盾。两党十多年打打停停，怨深似海，蒋介石对共产党言必称"匪"，这时却突然邀毛泽东去谈判，不知葫芦里卖的什么药。毛泽东慨然前往，并达成协议，全党上下疑问不少。他就写了《关于重庆谈判》。他先讲了重庆谈判这件事：

> 这一次，国共两党在重庆谈判，谈了四十三天。谈判

的结果，已经在报上公布了。现在两党的代表，还在继续谈判。这次谈判是有收获的。国民党承认了和平团结的方针和人民的某些民主权利，承认了避免内战，两党和平合作建设新中国。这是达成了协议的。还有没有达成协议的。解放区的问题没有解决，军队的问题实际上也没有解决。

当时国民党并无诚意，不断制造摩擦，党内外最担心的是毛泽东的安全。毛泽东在重庆说不要怕摩擦，你们狠狠打，你们那里打得越好，我这里越安全。他又讲了谈判会场外面的形势：

> 国民党一方面同我们谈判，另一方面又在积极进攻解放区。包围陕甘宁边区的军队不算，直接进攻解放区的国民党军队已经有八十万人。现在一切有解放区的地方，都在打仗，或者在准备打仗……现在有些地方的仗打得相当大，例如在山西的上党区。太行山、太岳山、中条山的中间，有一个脚盆，就是上党区。在那个脚盆里，有鱼有肉，阎锡山派了十三个师去抢。我们的方针也是老早定了的，就是针锋相对，寸土必争。这一回，我们"对"了，"争"了，而且"对"得很好，"争"得很好。就是说，把他们的十三个师全部消灭。他们进攻的军队共计三万八千人，我们出动三万一千人。他们的三万八千被消灭了三万五千，逃掉两千，散掉一千。这样的仗，还要打下去。

然后他得出结论，我们的方针，就是"针锋相对"，他要谈，我们就去谈；他要打，我们就打。

> 事情就是这样,他来进攻,我们把他消灭了,他就舒服了。消灭一点,舒服一点;消灭得多,舒服得多;彻底消灭,彻底舒服。中国的问题是复杂的,我们的脑子也要复杂一点。

中学课堂上的作文课,老师就开始教"夹叙夹议"。毛泽东这里就是夹叙夹议,但他是这样地举重若轻,把谈判和时局说得清清楚楚,而且不乏文学叙述的美感。

你看"太行山、太岳山、中条山的中间,有一个脚盆,就是上党区。在那个脚盆里,有鱼有肉,阎锡山派了十三个师去抢"。这种轻松与幽默的叙事,哪里像政论文?最后推出一个大结论,一个中国革命的真理:"他来进攻,我们把他消灭了,他就舒服了。消灭一点,舒服一点;消灭得多,舒服得多;彻底消灭,彻底舒服。"这段话已经深入人心,以后在许多地方经常被引用,甚至人们已经不大注意最初的出处。这就叫"理从事出,片言为典",从一件具体的事出发总结出普遍的真理,浓缩成一句话,而成为经典。

青出于蓝而胜于蓝,理论就是这样,它一旦从实践中破壳而出,就有了独立的指导意义。类似的例子我们还可以举出很多,比如著名的"为人民服务"思想就是在一个普通战士的追悼会上说的,而《纪念白求恩》一文中则产生了关于做人标准的名言:"我们大家要学习他毫无自私自利之心的精神。从这点出发,就可以变为大有利于人民的人。一个人能力有大小,但只要有这点精神,就是一个高尚的人,一个纯粹的人,一个有道德的人,一个脱离了低级趣味的人,一个有益于人民的人。"什么是经典?常念为经,常说为典。经典要经得起后人不断地重复,不停地使用。理从事出,片言为典,这是毛泽东的本事，也是毛泽东文章的魅力。

时下政界、新闻界有一个误区，以为只要组织一个写作班子，起一个响亮的笔名，在报上占一大块版面，就能有轰动的文章。其实这种"空中楼阁"，没有人看。2012年12月，中共中央政治局召开会议审议通过了关于改进工作作风、密切联系群众的八项规定。其主要内容就包括"要精简文件简报，切实改进文风"。"长、空、假"是当前文风的主要毛病。为什么是"长、空、假"呢？主要不是写作技巧问题，而是思想作风层面上的问题，是私心作怪。这又有两个原因。

一是私心所起之虚荣心、功利心。小则把发表文章看成一种荣誉、成绩、才华，用来作秀，从来不想解决实际问题；大则把文章当作升官的阶梯，企图引起领导重视，造成社会舆论，为提拔重用铺路。

二是私心所起之懒惰心。懒得深入调查研究、读书思考、加工创造。按照上面的调子套下来，把常用的口号填进去，剪贴拼凑一点社论、评论、领导讲话。这就是我们常说的"套话"文章。或者两种心理都有，既想偷懒，又想升官、作秀。这种作风已经脱离了工作的宗旨。

毛泽东说："什么叫工作，工作就是斗争。那些地方有困难、有问题，需要我们去解决。"既然是为了私利，选择偷懒，不愿意去斗争、解决问题、解决困难，那么又怎能期待文风出新、文章出新呢？我在报社工作多年，深为编读"长、空、假"的稿件所苦（如毛泽东所说："哪一年稍稍松动一点，使读者感觉有些春意，因而免于早上天堂，略为延长一年两年寿命呢！"）；深为干部、领导干部争上版面所苦。连头版二版都要争，字多字少都要比，何谈什么无私、牺牲、创新呢？可见文风之败是因党风、世风之衰。一个干部如果工作能创新，文章也就有新意；如果工作平平，却望借文章出名，那真是欺世盗名。汝欲学文章，功夫在文外，先正人心，再谈技巧。

说到技巧，我这里试"号脉"并开一个"药方"。依我多年编辑稿件所见，干部写作投稿常犯这样几个毛病。一是居高临下，发号施令。训话式写作，与读者不平等。二是太长太空，没有内容。应酬式、作秀式的写作，没有明确的目标、靶子。本来也不准备解决问题。三是枯燥干瘪，没有细节。公文式写作，不会运用形象思维。四是语言不准确，糊涂为文。基本的概念、逻辑关系都没有搞清。五是语言不美，动不起来。读书太少，没有经过修辞训练。

当然，最根本的解决方法是多读书，提高修养，但这不是一天就可以做到的。只要心诚，不要自欺欺人，真想写作可以试一试"五步写作法"——虽然笨点儿，但比较好操作：一是能提出一个新问题（证明你是在思考，有的放矢）；二是有一个自己悟到的新思想（可看出你对理论的理解）；三是有一个自己精心挑选的例子（证明你经过了调查研究，已能理论结合实际）；四是有一个合适的比喻或典故（这说明你已吃透了原理，能深入浅出）；五是有与文件不同的语言（说明你不是抄文件、抄社论、抄讲话）。这个办法是比较笨，但只要上了这个线，你就从党八股中解放出来了。这种方法不是文件语、秘书语，是你自己在说话了。

不脱离实践，强调理从事出，这有点像作家不脱离生活，其实是一个道理，只不过文学作品产生的主要是审美效果，政论文产生的主要是思想效果。

4. 善于综合运用：一字立骨，五彩斑斓

我曾有专文《文章五诀》，谈做文方法。文章之法就是杂糅之法,出奇之法,反差映衬之法,反串互换之法。文者,纹也,五色花纹交错成锦绣文章。古人云:文无定法,行云流水。是取行云流水总在交错、运动、变化之意,没有模式,没有重样。多色彩、能变化就是美文。怎么变呢?主要是综合运用形、事、情、理、典这五种手段,变化出描述的美、意境的美、哲理的美三个层次。我们姑且叫"三层五诀法"。

因为文章的基本文体是描写、叙述、抒情、说理,所以再复杂的文章总不脱形、事、情、理、典这五个元素。不过因文章的体裁不同,内容、对象不同,则各有侧重。毛泽东的文章几乎是清一色的政论文,内容都是宣传政治道理,以理为主,属说理文。而平庸与杰出的区别也正在这里。一般的政治家总是一"理"到底反复地说教、动员,甚至耳提面命,强迫灌输。而毛泽东的文章却用杂糅之法,"理"字立骨,形、事、情、理、典穿插组合,五彩斑斓。毛泽东是善用兵的,他对各种文体的熟练运用犹如大兵团、多兵种战略作战;"五诀"之用则是战术层面的用兵了。

为了说明"文章五诀"的用法,我们不妨先列举一个专业作家的例子。朱自清是五四运动之后现代散文作家的代表,毛泽东对他也是喜欢的。他的代表作《荷塘月色》是抒情文,以"情"字立骨,其余四字围绕穿插,编织为文。你看文中有"事":静夜一人出游;有"形":荷塘月下的美景;有"典":《采莲赋》《西洲曲》;有"理":讲独处的妙处。全篇都洋溢着情感,字里行间都是"情"。

再举范仲淹的古文名篇《岳阳楼记》。毛泽东对范仲淹也是很崇拜的。范仲淹在这篇文章中是想说一个为政的道理,以"理"字立骨,但是他开头先说"事":滕子京修楼;再写"形":湖上的景色;又抒"情":或满目萧然,感极而悲,或把酒临风,其喜洋洋;最后才推出一个"理":"先天下之忧而忧,后天下之乐而乐"。

毛泽东不是专业作家,更不是虚构故事的小说家。他做政治文章目的在说理,但是他不直说、干说、空说,而是借形、事、情、典来辅助地说,如彩云托月,绿叶扶花。就如你是一个善画高山峻岭的山水画家,但只画山不行,你也得辅以石、树、竹、村庄、人物等,并且要有机地组合。虽然毛泽东的文章以理为主,但他善用形、事、情、典去表现、烘托、突出理。

(1)借形说理

形,就是有画面感的形象,包括人物、山水、场景等。形在叙述文、抒情文中是基本要素,在小说中更是不能少,政论文中却几乎不见,因为它不能直接阐述道理,但是用得好可起烘托作用。毛泽东熟读中国古典小说,懂得塑造形象、刻画场景,他将其在政论文中偶一穿插使用便妙趣横生。如:

> 我们脸上有灰尘,就要天天洗脸,地上有灰尘,就要天天扫地。尽管我们在地方工作中的官僚主义倾向,在军队工作中的军阀主义倾向,已经根本上克服了,但是这些恶劣倾向又可以生长起来的。我们是处在日本帝国主义和中国反动势力的层层包围之中,我们是处在散漫的小资产阶级的包围之中,极端恶浊的官僚主义灰尘和军阀主义灰尘天天都向我们的脸上大批地扑来。因此,我们决不能一见成绩就自满自足起来。我们应该抑制自满,时时批评自己的缺点,好像我们为了清洁,为了去掉灰尘,天天要洗脸,天天要扫地一样。
>
> 《组织起来》

这里用了"洗脸"这个形象来喻批评。

我们再看他的人物形象的使用。

> 他们举起他们那粗黑的手,加在绅士们头上了。他们用绳子捆绑了劣绅,给他戴上高帽子,牵着游乡。他们那粗重无情的斥责声,每天都有些送进绅士们的耳朵里去。

这是《湖南农民运动考察报告》里造反农民的形象。我们知道报告的主题是讲造反有理,驳斥对农民运动的攻击,所以文中有多处这样的形象。

> 当着国民党军队的将军们都像一些死狗,咬不动人民解放军一根毫毛,而被人民解放军赶打得走投无路的时候,白崇禧、傅作义似乎还有一点生命力,就被美国帝国主义者所选中,成了国民党的宝贝了。
>
> 《评蒋傅军梦想偷袭石家庄》

这是国民党军败将的形象,用在评论中长我志气,灭敌威风。

政治是概念,是逻辑思维;文学是形象艺术,是形象思维。对于一般人,肯定是愿意看小说而不愿意读论文的。为了克服逻辑思维的艰涩枯燥,就要借用形象说话,毛泽东的政论文中随时会跳出一个形象,冲淡理性的沉闷。特别是对所要批驳的靶子,常常用形象说话。

如:"因为大规模的内战还没有到来,内战还不普遍、不公开、不大量,就有许多人认为:'不一定吧!'"这里本可说"许多人有麻痹情绪",但这是用概念,他宁肯换成"许多人认为:'不一定吧!'"。还有:"我们在南面扫、北面扫,都不行,后来把扫帚搞到里面去扫,他才说:'啊哟!我不干了。'世界上的事情,都是这样。钟不敲是不响的。桌子不搬是不走的。"(以上见《抗日战争胜利后的时局和我们的方针》)这段话的本意是敌人很顽固,你不打,他不走。毛泽东却把它转化为一个文学形象,就调动了读者的视觉,从而也强化了作者的论点。有时候他并不是专门去塑造,而是随口说出便也十分形象生动。如:

> 我们这一代吃了亏,大人不照顾孩子。大人吃饭有桌子,小人没有。娃娃在家里没有发言权,哭了就是一巴掌。现在新中国要把方针改一改,要为青少年设想。
>
> 有"小广播",是因为"大广播"不发达。只要民主生活充分,当面揭了疮疤,让人家"小广播",他还会说没时间,要休息了。
>
> 《青年团的工作要照顾青年的特点》

有趣的是毛泽东与蒋介石针锋相对斗了几十年,中国最大的两个政治派别,两个政治人物,不知互相"政论"了多少文章。蒋介石文中常骂"共匪""毛匪",而毛泽东文中则不忘幽默,为蒋介石画了一幅又一幅漫画像,这在《毛泽东选集》中随处可见:

> 从十五日至二十五日十一天内,蒋介石三至沈阳,救锦州,救长春,救廖兵团,并且决定了所谓"总退却",自己住在北平,每天睁起眼睛向东北看着。他看着失锦州,

他看着失长春,现在他又看着廖兵团覆灭。总之一条规则,蒋介石到什么地方,就是他的可耻事业的灭亡。

《东北解放军正举行全线进攻》

  在中国,有这样一个人,他叛变了孙中山的三民主义和一九二七年的大革命。他将中国人民推入了十年内战的血海,因而引来了日本帝国主义的侵略。然后,他失魂落魄地拔步便跑,率领一群人,从黑龙江一直退到贵州省。他袖手旁观,坐待胜利。果然,胜利到来了,他叫人民军队"驻防待命",他叫敌人汉奸"维持治安",以便他摇摇摆摆地回南京。只要提到这些,中国人民就知道是蒋介石。

《评蒋介石发言人谈话》

  抗战胜利的果实应该属谁?这是很明白的。比如一棵桃树,树上结了桃子,这桃子就是胜利果实。桃子该由谁摘?这要问桃树是谁栽的,谁挑水浇的。蒋介石蹲在山上一担水也不挑,现在他却把手伸得老长老长地要摘桃子。他说,此桃子的所有权属于我蒋介石,我是地主,你们是农奴,我不准你们摘。

《抗日战争胜利后的时局和我们的方针》

这些都是借形说理,强化了议论效果。

(2)借事明理

事,指过程、情节、故事,是叙述的方法(形是描写的方法)。事与形不同,形是静止的画面,事是动态的过程;形是停留、定格的表面形象，事却有内容、情节。前面已经专门谈过"理从事出，片言成典"，是从文章的宏观立意上说毛泽东的文章总是从大事出发，从实际出发，求真理。这里是从具体方法上谈在文中说理时怎样穿插叙事，借事明理。叙事多用于纪实、新闻、小说，现代论说文中几乎见不到了。毛泽东却常借它来以事见理，以事带理，以事证理。这与毛泽东大量阅读中国史籍文献、古典小说，又常亲自撰写新闻作品有关。如：

> 红军远涉万里，急驱而前，所求者救中国，所事者打日寇。今春渡河东进，原以冀察为目的地，以日寇为正面敌，不幸不见谅于阎蒋两先生，是以引军西还，从事各方统一战线之促进。
>
> 《给傅作义的信》

这是《史记》手法，简明的叙述，以证我方的立场。

> 乡农民协会的办事人（多属所谓"痞子"之类），拿了农会的册子，跨进富农的大门，对富农说："请你进农民协会。"富农怎样回答呢？"农民协会吗？我在这里住了几十年，种了几十年田，没有见过什么农民协会，也吃饭。我劝你们不办的好！"富农中态度好点的这样说。"什么农民协会，砍脑壳会，莫害人！"富农中态度恶劣的这样说。
>
> 《湖南农民运动考察报告》

这已是小说手法，有对话，有情节，说明不同阶层对农民运动的态度。

下面更是一大段叙事，讲"我"遇到的真实的事，讲共产党不会上当、不怕威胁、人民必胜的道理：

> 我们要有清醒的头脑，这里包括不相信帝国主义的"好话"和不害怕帝国主义的恐吓。曾经有个美国人向我说："你们要听一听赫尔利的话，派几个人到国民党政府里去做官。"我说："捆住手脚的官不好做，我们不做。要做，就得放开手放开脚，自由自在地做，这就是在民主的基础上成立联合政府。"他说："不做不好。"我问："为什么不好？"他说："第一，美国人会骂你们；第二，美国人要给蒋介石撑腰。"我说："你们吃饱了面包，睡足了觉，要骂人，要撑蒋介石的腰，这是你们美国人的事，我不干涉。现在我们有的是小米加步枪，你们有的是面包加大炮。你们爱撑蒋介石的腰就撑，愿撑多久就撑多久。不过要记住一条，中国是什么人的中国？中国绝不是蒋介石的，中国是中国人民的。总有一天你们会撑不下去！"
> 《抗日战争胜利后的时局和我们的方针》

除了举出具体事实，毛泽东还经常引用小说、寓言里的故事说明自己讲的道理，这也是借事明理。如他说：

> 在野兽面前，不可以表示丝毫的怯懦。我们要学景阳冈上的武松。在武松看来，景阳冈上的老虎，刺激它也是那样，不刺激它也是那样，总之是要吃人的。或者把老虎

打死，或者被老虎吃掉，二者必居其一。

《论人民民主专政》

（3）借情助理

情感之美，常常是文学作品的标志。恩格斯在马克思墓前的演说中说："马克思可能有过许多敌人，但未必有一个私敌。"政治家无私敌、少私情，却有大情。文学史上向来以写大情之作最为珍贵，如诸葛亮的《出师表》、林觉民的《与妻书》、胡铨的《戊午上高宗封事》，还有方志敏的《可爱的中国》、丘吉尔的就职演说等。毛泽东文章中流露出来的感情都是时代之情、人民之情。他的一生是战争、苦难、理想和胜利交织的一生。毛泽东的性格有诗人气质，好激动、执着、坚定、浪漫，甚至有时走极端。这种性格在工作上有利有弊，有革命的胜利和中华人民共和国的成立，也有"大跃进""文化大革命"的失误。这在文学方面却是好事，文学需要想象，需要浪漫。毛泽东就很喜欢屈原、宋玉、李白、李商隐这一类的作家。他即使在作严肃的政论文时也掩饰不住他的文学情怀。我们不妨抽取几段：

中国革命高潮快要到来……它是站在海岸遥望海中已经看得见桅杆尖头了的一只航船，它是立于高山之巅远看东方已见光芒四射喷薄欲出的一轮朝日，它是躁动于母腹中的快要成熟了的一个婴儿。

《星星之火，可以燎原》

中国共产党依据马克思列宁主义的科学，清醒地估计了国际和国内的形势，知道一切内外反动派的进攻，不但是必须打败的,而且是能够打败的。当着天空中出现乌云的时候,我们就指出:这不过是暂时的现象,黑暗即将过去,曙光即在前头。

《目前形势和我们的任务》

这是在革命低潮时或遇到困难时对胜利充满信心的憧憬之情。

我们中华民族有同自己的敌人血战到底的气概,有在自力更生的基础上光复旧物的决心,有自立于世界民族之林的能力。

《论反对日本帝国主义的策略》

诸位代表先生们,我们有一个共同的感觉,这就是我们的工作将写在人类的历史上,它将表明:占人类总数四分之一的中国人从此站立起来了。

让那些内外反动派在我们面前发抖吧,让他们去说我们这也不行那也不行吧,中国人民的不屈不挠的努力必将稳步地达到自己的目的。

《中国人从此站立起来了》

这是革命英雄主义的豪情。

我们共产党人好比种子,人民好比土地。我们到了一个地方,就要同那里的人民结合起来,在人民中间生根、开花。

《关于重庆谈判》

这是对人民的眷恋之情。

以上这些都是从他的政论文中抽出的片段，完全是诗的语言。任何一个诗人、散文家都不可能有这样大的情感和豪放的语言，在他之前及与他同时代的政治家中也没有过这样的情感与语言。这种革命家的豪情贯穿于毛泽东作品的始终，它为毛泽东的政论文配上了一种明亮的底色和嘹亮的背景音乐。虽然都是严肃的政论文，但有感情无感情大不一样，用什么样的口气说出也大不一样，这一个"情"字里有力量、态度、决心、方向，领袖情动，群众动情，千军万马，海啸雷鸣。

《论联合政府》是毛泽东在党的七大上所作的政治报告，主要是阐述党的当前任务。这是一个最后打败日寇、建立新中国的总动员；是共产党在战争时期的最后一次党代会。报告分五大部分，阐述形势、任务、政策，是一个典型的、严肃的、庄重的政治报告，但是其中有多处大段的抒情文字以情助理，不但没有冲淡报告的严肃性，反而增强了报告的战斗性和豪迈感。如：

> 在这种情况下，我们应该怎样做呢？毫无疑义，中国急需把各党各派和无党无派的代表人物团结在一起，成立民主的临时的联合政府，以便实行民主的改革，克服目前的危机，动员和统一全中国的抗日力量，有力地和同盟国配合作战，打败日本侵略者……领导解放后的全国人民，将中国建设成为一个独立、自由、民主、统一和富强的新国家。一句话，走团结和民主的路线，打败侵略者，建设新中国。
>
> 我们共产党人从来不隐瞒自己的政治主张。我们的将

来纲领或最高纲领,是要将中国推进到社会主义社会和共产主义社会去的,这是确定的和毫无疑义的。我们的党的名称和我们的马克思主义的宇宙观,明确地指明了这个将来的、无限光明的、无限美妙的最高理想。每个共产党员入党的时候,心目中就悬着为现在的新民主主义革命而奋斗和为将来的社会主义和共产主义而奋斗这样两个明确的目标,而不顾那些共产主义敌人的无知的和卑劣的敌视、污蔑、谩骂或讥笑;对于这些,我们必须给以坚决的排击。

以中国最广大人民的最大利益为出发点的中国共产党人,相信自己的事业是完全合乎正义的,不惜牺牲自己个人的一切,随时准备拿出自己的生命去殉我们的事业,难道还有什么不适合人民需要的思想、观点、意见、办法,舍不得丢掉的吗?难道我们还欢迎任何政治的灰尘、政治的微生物来玷污我们的清洁的面貌和侵蚀我们的健全的肌体吗?无数革命先烈为了人民的利益牺牲了他们的生命,使我们每个活着的人想起他们就心里难过,难道我们还有什么个人利益不能牺牲,还有什么错误不能抛弃吗?

成千成万的先烈,为着人民的利益,在我们的前头英勇地牺牲了,让我们高举起他们的旗帜,踏着他们的血迹前进吧!

《论联合政府》

(4)借典证理

领袖必须是学问家。他要懂社会规律,要知道它过去的轨迹,要用这些知识改造社会、管理社会,引导社会前行。政治领袖起码是一个爱读书、多读书、通历史、懂哲学、爱文学的人。因为文学不只是艺术，还是人学、社会学。只读自然科学的人不能当政治领袖，第二次世界大战后以色列建国，请爱因斯坦出任总统，他有自知之明，坚决不干。毛泽东熟悉中国的文史典籍，在文章中随手拈来，十分贴切，借过去说明现在。

毛泽东文章的用典有三种情况。

一是直接从典籍中找根据，证目前之理，就是常说的"引经"。比如在《为人民服务》中引司马迁的话：

> 人总是要死的，但死的意义有不同。中国古时候有个文学家叫做司马迁的说过："人固有一死，或重于泰山，或轻于鸿毛。"为人民利益而死，就比泰山还重；替法西斯卖力，替剥削人民和压迫人民的人去死，就比鸿毛还轻。

他在《论人民民主专政》一文中，引用了朱熹的一句名言。

> 宋朝的哲学家朱熹，写了许多书，说了许多话，大家都忘记了，但有一句还没有忘记："即以其人之道，还治其人之身。"我们就是这样做的，即以帝国主义及其走狗蒋介石反动派之道，还治帝国主义及其走狗蒋介石反动派之身。如此而已，岂有他哉！

这就是政治领袖和文章大家的功力：能借力发力，翻新经典，为己所用；既弘扬了民族文化，又普及了经典知识。

二是借经典事例来比喻阐述一种道理。有时用史料，有时用文学故事，就是常说的"据典"。如他借东周列国的故事说"庆父不死，鲁难未已。战犯不除，国无宁日"。借李密的《陈情表》说司徒雷登"总之是没有人去理他，使得他'茕茕孑立，形影相吊'，没有什么事做了，只好挟起皮包走路"。

毛泽东的文章大部分是说给中国的老百姓或中低层干部听的，所以他常搬出中国人熟悉的故事，如他在党的七大闭幕词中引用了《愚公移山》的故事。毛泽东常将《水浒传》《西游记》《三国演义》等文学作品当哲学、军事著作素材来用，深入浅出，生动活泼。他用《水浒传》中的故事来阐述战争的战略战术：

> 谁人不知，两个拳师放对，聪明的拳师往往退让一步，而蠢人则其势汹汹，辟头就使出全副本领，结果却往往被退让者打倒。
>
> 《水浒传》上的洪教头，在柴进家中要打林冲，连唤几个"来""来""来"，结果是退让的林冲看出洪教头的破绽，一脚踢翻了洪教头。
>
> 《中国革命战争的战略问题》

孙悟空在他的笔下，一会儿比作智慧化身，钻入铁扇公主的肚子里；一会儿比作敌人，跑不出人民这个如来佛的手心。所以他的报告总是听者云集，欢声笑语，毫无理论的枯涩感。他真正把古典融于现实，把实践融进了理论。

1949年新年到来之际，解放战争眼看就要胜利。蒋介石又要搞假和谈的把戏。毛泽东立即以新华社名义发表了一篇新年献词《将革命进行到底》，巧妙地用了一个伊索寓言典故：

这里用得着古代希腊的一段寓言:"一个农夫在冬天看见一条蛇冻僵着。他很可怜它,便拿来放在自己的胸口上。那蛇受了暖气就苏醒了,等到回复了它的天性,便把它的恩人咬了一口,使他受了致命的伤。农夫临死的时候说:我怜惜恶人,应该受这个恶报!"外国和中国的毒蛇们希望中国人民还像这个农夫一样地死去,希望中国共产党,中国的一切革命民主派,都像这个农夫一样地怀有对于毒蛇的好心肠。但是中国人民、中国共产党和中国真正的革命民主派,却听见了并且记住了这个劳动者的遗嘱。况且盘踞在大部分中国土地上的大蛇和小蛇,黑蛇和白蛇,露出毒牙的蛇和化成美女的蛇,虽然它们已经感觉到冬天的威胁,但是还没有冻僵呢!

三是用典来"起兴",与典的内容无关,但可增加文章的效果,妙趣横生。

"起兴"是诗歌,特别是民歌常用的手法。如"山丹丹开花红姣姣,香香人材长得好。玉米开花半中腰,王贵早把香香看中了"(李季《王贵与李香香》)。我们现在手机上调侃的段子也常用这种形式。如"曾经沧海难为水,大锅萝卜炖猪腿。在天愿做比翼鸟,相约今天吃虾饺。君问归期未有期,去吃新疆大盘鸡"等都很幽默。

毛泽东懂文学,爱诗,写诗,知道怎样让文章更美一些。他这时用典并不直接为"证理",或者并不主要是"证理",而是为美,借典"起兴",引出下面的道理,形成一种幽默,加深印象,是"借典助理"。

如1939年7月9日,他对即将上前线的陕北公学(后来的华北联合大学）师生讲话，以《封神演义》故事作比：

> 姜子牙下昆仑山，元始天尊赠了他杏黄旗、四不像、打神鞭三样法宝。现在你们出发上前线，我也赠给你们三样法宝，这就是：统一战线、武装斗争、党的建设。

这里只是要从"法宝"的字面引出下文。

他在《别了，司徒雷登》中说："唐朝的韩愈写过《伯夷颂》，颂的是一个对自己国家的人民不负责任、开小差逃跑、又反对武王领导的当时的人民解放战争、颇有些'民主个人主义'思想的伯夷，那是颂错了。我们应当写闻一多颂，写朱自清颂，他们表现了我们民族的英雄气概。"

这里也是只为从"颂"字引出下文。

总之，毛泽东在政论文中大量用典、灵活用典是空前绝后的。《毛泽东选集》四卷中共引用成语、典故三百四十二条。

（5）综合运用

下面我们以两篇文章为例，看一看毛泽东的文章是怎样"一字立骨，五彩斑斓"，综合运用形、事、情、理、典的。

《愚公移山》是毛泽东于1945年6月11日在党的七大上的闭幕词。党的七大是很重要的一个会议。这是中国共产党自成立以来第一次在自己的政权范围内堂堂正正地开党代会。这之前，或者是秘密召开地下大会，或者跑到境外去开（党的六大在莫斯科召开）。当时抗日战争将要胜利又面临国共大决战——中国之命运的决战。这么重要的大会，毛泽东的闭幕词只用了一千二百多个字。他响亮地提出"要下定决心，不怕牺牲，排除万难，去争取胜利"，这是大会的路线，也是文章的立论，是文章要讲的"理"。但是毛泽东没有以理说理，像有些政治报告那样没完没了、原地踏步式地说教，而是以"事"说理，以"典"证理，以"情"助理。总体来讲，全文的风格是平静地叙说，寓说理于叙事，再助以形象、情感。

文章开门见山，一叙开了一个大会，讲大会路线；二叙一个寓言故事，下定决心，争取胜利；三叙为美国人送行，讲对美政策；四叙这几天国共都在开会，但是结果将会不同。叙述中有具体的事件、人物、情节、形象，跳出了政治报告的老套，拉近了与读者的距离，充分地展示了作者的自信，谈笑间，大局一目了然，前途就在眼前。最后，是一句带感情色彩的结尾。这也说明文章的力量并不只是文字本身，而主要是时势的力量、作者的权威。如果换一个人，同样来讲这一席话，未必有此效果。

愚公移山

〔事〕我们开了一个很好的大会。我们做了三件事：第一，决定了党的路线，这就是放手发动群众，壮大人民力量，在我党的领导下，打败日本侵略者，解放全国人民，建立一个新民主主义的中国。第二，通过了新的党章。第三，选举了党的领导机关——中央委员会。今后的任务就是领导全党实现党的路线。我们开了一个胜利的大会，一个团结的大会。代表们对三个报告发表了很好的意见。许多同志作了自我批评，从团结的目标出发，经过自我批评，达到了团结。这次大会是团结的模范，是自我批评的模范，又是党内民主的模范。

大会闭幕以后，很多同志将要回到自己的工作岗位上去，将要分赴各个战场。同志们到各地去，要宣传大会的路线，并经过全党同志向人民作广泛的解释。

〔理〕我们宣传大会的路线，就是要使全党和全国人民建立起一个信心，即革命一定要胜利。首先要使先锋队觉悟，下定决心，不怕牺牲，排除万难，去争取胜利。但这还不够，还必须使全国广大人民群众觉悟，甘心情愿和我们一起奋斗，去争取胜利。要使全国人民有这样的信心：中国是中国人民的，不是反动派的。

〔典〕中国古代有个寓言，叫做"愚公移山"。说的是古代有一位老人，住在华北，名叫北山愚公。他的家门南面有两座大山挡住他家的出路，一座叫做太行山，一座叫做王屋山。愚公下决心率领他的儿子们要用锄头挖去这两座大山。有个老头子名叫智叟的看了发笑，说是你们这样干未免太愚蠢了，你们父子数人要挖掉这样两座大山是完全不可能的。愚公回答说：我死了以后有我的儿子，儿子死了，又有孙子，子子孙孙是没有穷尽的。这两座山虽然很高，却是不会再增高了，挖一点就会少一点，为什么挖不平呢？愚公批驳了智叟的错误思想，毫不动摇，每天挖山不止。这件事感动了上帝，他就派了两个神仙下凡，把两座山背走了。

〔理〕现在也有两座压在中国人民头上的大山，一座叫做帝国主义，一座叫做封建主义。中国共产党早就下了决心，要挖掉这两座山。我们一定要坚持下去，一定要不断地工作，我们也会感动上帝的。这个上帝不是别人，就是全中国的人民大众。全国人民大众一齐起来和我们一道挖这两座山，有什么挖不平呢？

〔形、事〕昨天有两个美国人要回美国去，我对他们讲了，美国政府要破坏我们，这是不允许的。我们反对美国政府扶蒋反共的政策。但是我们第一要把美国人民和他们的政府相区别，第二要把美国政府中决定政策的人们和下面的普通工作人员相区别。我对这两个美国人说：告诉你们美国政府中决定政策的人们，我们解放区禁止你们到那里去，因为你们的政策是扶蒋反共，我们不放心。假如你们是为了打日本，要到解放区是可以去的，但要订一个条约。倘若你们偷偷摸摸到处乱跑，那是不许可的。赫尔利已经公开宣言不同中国共产党合作，既然如此，为什么还要到我们解放区去乱跑呢？

〔理〕美国政府的扶蒋反共政策，说明了美国反动派的猖狂。但是一切中外反动派的阻止中国人民胜利的企图，都是注定要失败的。现在的世界潮流，民主是主流，反民主的反动只是一股逆流。目前反动的逆流企图压倒民族独立和人民民主的主流，但反动的逆流终究不会变为主流。现在依然如斯大林很早就说过的一样，旧世界有三个大矛盾：第一个是帝国主义国家中的无产阶级和资产阶级的矛盾，第二个是帝国主义国家之间的矛盾，第三个是殖民地半殖民地国家和帝国主义宗主国之间的矛盾。这三种矛盾不但依然存在，而且发展得更尖锐了，更扩大了。由于这些矛盾的存在和发展，所以虽有反苏反共反民主的逆流存在，但是这种反动逆流总有一天会要被克服下去。

〔事〕现在中国正在开着两个大会，一个是国民党的第六次代表大会，一个是共产党的第七次代表大会。

〔理〕两个大会有完全不同的目的：一个要消灭共产党和中国民主势力，把中国引向黑暗；一个要打倒日本帝国主义和它的走狗中国封建势力，建设一个新民主主义的中国，把中国引向光明。这两条路线在互相斗争着。

〔情〕我们坚决相信，中国人民将要在中国共产党领导之下，在中国共产党第七次大会的路线的领导之下，得到完全的胜利，而国民党的反革命路线必然要失败。

这里顺便说一下细节在议论文写作中的运用。《愚公移山》中有一处"昨天有两个美国人要回美国去，我对他们讲了……"。一般来讲，这样的句式不用在政论文中。这是描述句，而描写、叙述的句式多用在写景、叙事文中，求形象，要细节，是为调动读者的形象思维；议论文主要用逻辑思维，多用概念、推理。毛泽东的文章大胆地借用形象思维，使读者于沉闷、枯燥的推理中突然眼前一亮，心中一振。

此外，形象思维是管记忆的，细节正是为了强化形象、调动记忆。文中这一句话与文章内容关系不大，与阅读效果关系极大。一是拉近距离，营造气氛；二是加深记忆。这叫"起棱"，我们看木器家具，比如一个小桌、一个首饰盒，如果四面平光就显得一般，很普通，如果起一点棱，做出点花纹立即就不一样了，人们更爱把玩。文章也是这样，不能是一块平板玻璃。我在报社工作时见到编辑编稿，总爱把人家文章的"棱"磨掉，这是图省事，不懂读者心理。为此，我曾写了一篇《编稿要多用刻刀，少用锉刀》，专讲改稿留棱，不要把文章锉平。

比如"毛泽东在接见英国元帅蒙哥马利时说，中国底子薄，要赶上西方先进国家，我看要一百年"，"在接见英国元帅蒙哥马利时"，就是文章中起的一个棱，是在借用"形"和"事"说理。而编辑却以为无用，勾掉了，只留"毛泽东说"。殊不知这样一来，文章少了生动，多了平淡，少了一些可记忆的符号。假如我们把"昨天有两个美国人要回美国去，我对他们讲了……"这样的句子都勾掉，《愚公移山》也就不是这个味道了。一篇稿子能否成功不只是作者、记者的事，也是编辑的事。这种"磨棱改稿法"实在太普遍了。这也是报纸不好看、无人看的主要原因之一。这里也借用毛泽东1958年批评文件中的坏文风的话再说一遍："讲了一万次了，依然纹风不动，灵台如花岗之岩，笔下若玄冰之冻。哪一年稍稍松动一点，使读者感觉有些春意，因而免于早上天堂，略为延长一年两年寿命呢！"

再以《别了，司徒雷登》为例，兼谈一下文章中意象的运用。

这篇文章的主题是揭露美国"扶蒋反共"的对华政策。这是政治，是观点和立场。但只有正确的观点、敏锐的目光、深刻的理论还不行，如果只有这些，你去当你的政治家、理论家好了。你现在是要用文章宣传政治、普及政治，要借助文学的外衣产生美感，好让人亲近政治。欲为政治，先学文学。作为文学作品，要讲形象、生动、含蓄、凝练，要有景、有情。所以政治家为文，或者文学家写政治，要能从政治之理中翻出情，翻出美。这是真功夫。

《别了，司徒雷登》是毛泽东政论文章中最具文学性的一篇。之所以这样说，是因为文中除了"形、事、情、理、典"各要素，毛泽东还罕见地使用了一个典型的散文手法："意象"。而这正是散文写作的高难动作，就是在一般散文中也不常用。这里涉及一个创作理论，容我多说几句。

意象是什么？就是最能体现文章立意的形象，是一种象征，是还魂的躯壳，是诗化了的典型，是文章意境的定格。意象是拿一个景物、一个镜头或一个形象来象征一种情感或阐述一种道理，是借实写虚。此法是纯文学手法，是行家里手的标志。犹如高音歌唱家之花腔，足球射手之倒钩，篮球之背投。

但要注意，意象与其他手法的不同。意象不同于形象，形象侧重视觉效果，意象侧重心理效应，就是说比形象更深了一步，这形象里必得能变出点耐人寻味的东西。意象不是比喻，比喻是两个事物，意象就是从一件物生发开去，是从一颗茧里抽丝。意象与咏物、寓言相近，但也不同。咏物、寓言是通过对景物或故事的描写，直接引出情感或道理，而意象是间接表达情感或思想，与所描绘的物或事无直接关联。

如《爱莲说》是以莲说理，《愚公移山》是以愚公挖山这个故事说理。莲的形象与品质高洁，《愚公移山》的故事与坚持奋斗的道理都有直接关联。而《别了，司徒雷登》的政治主题与"别了"这个意象却没有直接的表面的联系。它只取其曲折、隐晦之一点，曲径通幽，自圆其说，写出一篇大文章。所以说意象是集形象、比喻、咏物、寓言于一身。这个"高难动作"在诗歌中会用到（如徐志摩的《再别康桥》），在抒情文中也只是偶一为之（如朱自清的《背影》），政论文中几乎不见。文似看山不喜平，东边日出西边雨。毛泽东是军事高手，当然懂得暗度陈仓，出奇制胜。

下面我们结合"文章五诀"来看他怎样做这篇文章。

文章开头还是从"事"说起，"白皮书来了，司徒雷登走了"，很具体，很形象。毛泽东就从这个小口切入，慢慢道来。中间的文字可以分为两大部分：前一部分从美国的角度讲它的侵略政策和所作所为，包括白皮书的内容；后一部分从中国人的角度，谈如何不要受骗，对白皮书进行驳斥解剖；最后两段是收尾部分，却用了一个非常形象的镜头，是"形"字诀。

人民解放军横渡长江，南京的美国殖民政府如鸟兽散。司徒雷登大使老爷却坐着不动，睁起眼睛看着，希望开设新店，捞一把。司徒雷登看见了什么呢？除了看见人民解放军一队一队地走过，工人、农民、学生一群一群地起来之外，他还看见了一种现象，就是中国的自由主义者或民主个人主义者们也大群地和工农兵学生等人一道喊口号，讲革命。总之是没有人去理他，使得他"茕茕孑立，形影相吊"，没有什么事做了，只好挟起皮包走路。

中国还有一部分知识分子和其他人等存有糊涂思想，对美国存有幻想，因此应当对他们进行说服、争取、教育和团结的工作，使他们站到人民方面来，不上帝国主义的当。但是整个美帝国主义在中国人民中的威信已经破产了，美国的白皮书，就是一部破产的记录。先进的人们，应当很好地利用白皮书对中国人民进行教育工作。

司徒雷登走了，白皮书来了，很好，很好。这两件事都是值得庆祝的。

你看，首尾呼应，形象生动。这哪里是政论文，更像小说、杂文、电影，嬉笑怒骂，冷嘲热讽。国际形势、中美关系、国共之战，这么大的题材全被他压进"别了"这个小葫芦里，把玩于手心。司徒雷登，一个曾创办了燕京大学的文化名人，在最不合适的时候当了驻华使节，也只好代主子挨骂受过了。别了，美国的侵华野心；别了，腐败的国民党政权；别了，中国人曾经受骗上当；别了，一个旧中国、旧时代。"别了"这个意象在毛泽东手里抽出了无尽的诗意。

文中还有不少生动的写"形"之处：

美国出钱出枪，蒋介石出人，替美国打仗杀中国人。

美国人在北平，在天津，在上海，都洒了些救济粉，看一看什么人愿意弯腰拾起来。

闻一多拍案而起，横眉怒对国民党的手枪，宁可倒下去，不愿屈服。

文中带有感情色彩的句子也不少：

多少一点困难怕什么。封锁吧，封锁十年八年，中国的一切问题都解决了。中国人死都不怕，还怕困难吗……现在这种情况已近尾声了，他们打了败仗了，不是他们杀过来而是我们杀过去了，他们快要完蛋了。留给我们多少一点困难，封锁、失业、灾荒、通货膨胀、物价上升之类，确实是困难，但是比起过去三年来已经松了一口气了。过去三年的一关也闯过了，难道不能克服现在这点困难吗？没有美国就不能活命吗？

我们中国人是有骨气的。许多曾经是自由主义者或民主个人主义者的人们，在美国帝国主义者及其走狗国民党反动派面前站起来了。

至于用典就更多了：

　　太公钓鱼，愿者上钩。
　　嗟来之食，吃下去肚子要痛的。
　　民不畏死，奈何以死惧之。
　　茕茕孑立，形影相吊。

文章五诀，信手拈来，一字立骨，五彩斑斓。

5. 毛泽东，不可复制的经典

　　总之，在文章写作方面，毛泽东是一个高峰，一个历史长河绕不开的高峰。中国共产党从成立以来，只说名义上的领导人就有陈独秀、瞿秋白、李立三、向忠发、张闻天，毛泽东是第六位，还不说同期的许多大人物，如周恩来、刘少奇、朱德，还有王明、张国焘等。这里除向忠发是工人，其余的都是知识分子，他们或为大学教授，或为留洋归来的马列理论家，或为工人运动、军事斗争的领袖。总之是群雄际会，各有资本。毛泽东之所以能脱颖而出，一是脚踏实地，从中国的实际出发，在第一线、在群众中踏踏实实做事；二是饱读诗书，包括马列理论，特别是中国各种典籍；三是独立思考，必求创新。他是既虚心好学又雄才大略、睥睨一切的，唯此才铸就他的事业与文章。所以毛泽东的文章有雄霸之气、王者之风、汪洋之姿、阳刚之美、幽默之趣。唯其人，唯其文。

　　毛泽东的文章是一个经典，一个不可复制的经典。我在《说经典》一文中说，凡经典一是空前绝后，二是上升到了理性，有指导意义，三是经得起重复使用。毛泽东的文章堪称空前绝后，他之前没有，他之后也不可能有。毛泽东的文章所诞生的时代已经过去，其指导的工作任务也随时代的变迁而完成，但是为什么人们还在读它、用它？一有事就想起它？这就是经典的意义，它早已退去了有形的外壳而上升到理性的高度，成为永远悬在天空、时刻启迪我们的星辰。我们至今在做文章时还不得不时时想起它，借鉴它。中国政治史和文学史上有许多经典，都是不断吸收前人的成果，然后自己创造生成一座座的高峰，毛泽东就是这样一座离我们最近的高峰。

时下党风、文风弊端丛生，假、大、长、空、媚，泛滥成灾，因此，2012年12月中共中央政治局会议审议通过中央八项规定，强调要整顿党风、文风。在这样的背景下再看看毛泽东的文章，实在是一面绝好的镜子。在毛泽东同志诞辰120周年之际，研究一下毛泽东怎样写文章，再检点一下现在的文风，这是我们对他最好的纪念。

2013年10月8日

毛泽东文章中的修辞研究

修辞是讲话、写文章时在语言这个层面的技巧（不是立意、结构等宏观层面上），主要是为了更准确、形象、生动地表达思想，同时产生美感。它属于语言的形式艺术的范畴，是一门专门的学问，已有不少专著，影响最大的是陈望道先生的《修辞学发凡》。而在生活中，人们也总在不自觉地运用修辞手段，越是民间的、基层的语言，修辞越丰富。毛泽东是既多读书又长期生活在群众中的人，所以在他的文章中修辞手法运用极多且很自然，常能出神入化，收意想不到之效。当文章内容本已经表达清楚，可以收笔之时，突然又跃上一个台阶而开出艺术之花，有惊艳、奇绝之美。由此可知，修辞这个东西本来就是专门锦上添花的。按说这不是对政治家、领袖的要求，我们也本不必以此来苛求于他们。但毛泽东能通此道，这得益于他年轻时的苦读多背和后来向群众学习语言。于是这又为他的文章增加了一份魅力。

我们这里并不作专门的修辞学研究，只是借门入径，来欣赏毛泽东的文章。所以不必分得很细，也论不到所有的修辞。为了好记，大致可分为三个类型：一是句面形式上的，即还是那些字、词、句，但在形式上一经重新排列组合，即能产生新的美感，如排比、递进、对仗、倒装、顶真、叠字、回文等；二是材料上的，即在原句的基础上借来新的材料，加强作者的表述，从而产生新的美感，如比喻、双关、借代、仿拟、拈连等；三是意境上的，即主要目的是追求气氛、趣味、效果的美感，类似戏剧里的音响和绘画里的写意效果，比如夸张、示现、呼告、拟人、比兴等。这三个类型常常穿插互用，并不能截然分开。而且随着时代的发展，语言、修辞也在发展，比如现在已经出现了专门的网络语言和适应网络、手机的修辞。

下面我们分别举例。

一、形式上的修辞

这类修辞的效果主要是作用于读者的视觉、听觉，初一接触，且不说内容，从形式上便产生一种美的享受，重在调动形式美的要素。

1. 对仗

对仗又叫对偶，是指两个句式结构相同或基本相同，能产生整齐、平稳、饱满的美感。

> 领导我们事业的核心力量是中国共产党。
> 指导我们思想的理论基础是马克思列宁主义。
> ——《为建设一个伟大的社会主义国家而奋斗》

将"核心力量"与"理论基础"这样宏大的内容用一组对仗句表达，简明、扼要、易记。这成了一句著名的口号和庄严的宣示。

钟不敲是不响的。桌子不搬是不走的。苏联红军不进入东北，日本就不投降。我们的军队不去打，敌伪就不缴枪。

《抗日战争胜利后的时局和我们的方针》

这四句中，第一、第二与第三、第四各自组成对仗，但全部四句又组成排比。

二月一日来电读悉，极感盛意。中华民族与中国人民的解放斗争，百余年来，前仆后继。无数先烈的鲜血，洒遍了锦绣山河；亿兆后起的人民，表现了英雄气概。此次人民解放战争之所以胜利，是由于全国人民不畏强御，团结奋斗，各民主党派各人民团体一致奋起，相与协力，从而使人民解放军获得各方面的援助，使人民的敌人完全陷于孤立，胜负之数，因以判明。现在残敌尚存，诡谋时作。求喘息谓为求和平，待外援名曰待谈判。口诵八条，手庇战犯，眼望美国，脚向广州。欲求人民解放斗争获得最后胜利，必须全国一切民主力量同德同心，再接再厉，为真正民主的和平而奋斗。诸先生长期为民主事业而努力，现在到达解放区，必能使建设新中国的共同事业获得迅速的成功。特电布复，敬表欢迎。

《复李济深等五十六人电》

"残敌尚存,诡谋时作。求喘息谓为求和平,待外援名曰待谈判。口诵八条,手庇战犯,眼望美国,脚向广州。"很漂亮的对仗,可以看出毛泽东的古文底子。

2. 排比

排比是连续用相似的句式和口气表述同一问题,形式整齐,有一种步步紧追、排山倒海之势。如:

> 这个所谓"政府"究竟还存在不存在呢?它是存在于南京吗?南京没有行政机关。它是存在于广州吗?广州没有行政首脑。它是存在于上海吗?上海既没有行政机关,又没有行政首脑。它是存在于奉化吗?奉化只有一个宣布"退休"了的伪总统,别的什么都没有。因此郑重地说起来,已经不应当把它看成一个政府,它至多只是一个假定的或象征的政府了。

《中共发言人关于和平条件必须包括惩办日本战犯和国民党战犯的声明》

> 为了进攻而防御,为了前进而后退,为了向正面而向侧面,为了走直路而走弯路,是许多事物在发展过程中所不可避免的现象,何况军事运动。

《中国革命战争的战略问题》

> 讲到长征,请问有什么意义呢?我们说,长征是历史纪录上的第一次,长征是宣言书,长征是宣传队,长征是播种机。自从盘古开天地,三皇五帝到于今,历史上曾经

有过我们这样的长征吗?

《论反对日本帝国主义的策略》

以上三例是分别针对不同的对象,论述不同的问题,都熟练地用了排比。第一例连问三个"存在"(同时也是"设问格")斥敌,第二例连用四个"为了"说理,第三例连用三个"是"进行肯定和歌颂。

3. 反复

陈望道先生在他的书中称之为"复叠",我们不如就通俗地称为"反复",是指将一句话(短语)或一个词反复说两遍或更多。反复与下面谈到的叠字虽然都是偏重形式上的美感,但又有不同:前者是意思上的重复,借形式来强调内容;后者是字词(更多是字)上的重复,借形式来营造形、声上的美感。

> 有些同志却在那里"无的放矢",乱放一通,这样的人就容易把革命弄坏。有些同志则仅仅把箭拿在手里搓来搓去,连声赞曰:"好箭!好箭!"却老是不愿意放出去。这样的人就是古董鉴赏家,几乎和革命不发生关系。马克思列宁主义之箭,必须用了去射中国革命之的。

《整顿党的作风》

这段话中作者重复"好箭!好箭!"以强调那种嘴上只说空话,不联系实际的态度不可取。

4. 叠字

叠字就是将一个相同的字连着重复使用，在句中造成一种铿锵、回环的效果，主要是收获音韵上的美感，所以在诗词中常见，文章中不多。如杜甫的诗"无边落木萧萧下，不尽长江滚滚来"，毛泽东词中的"茫茫九派流中国，沉沉一线穿南北"。

> 赫赫始祖，吾华肇造；胄衍祀绵，岳峨河浩。
>
> 《祭黄帝陵》

> 如果讲现在是小资产阶级的狂热性，反过来讲，那时的反冒进就是资产阶级的冷冷清清凄凄惨惨戚戚的泄气性、悲观性。
>
> 1959 年 7 月 23 日在庐山会议上的讲话

"赫赫""冷冷清清凄凄惨惨戚戚"都是叠字。读者可以体味文字被强化后的音韵效果，进而由此形式的效果带来内容的效果。

5. 设问

为了引起读者的注意，将叙说的句子变成问答形式。设问有两种：一种只问不答，不言自明；另一种是作者设计一个问题，接着作答。

第一种：

> 请大家想一想，从一九三六年十二月西安事变以来，从一九四五年十月重庆谈判和一九四六年一月政治协商会议以来，中国人民对于这伙盗匪曾经做得何等仁至义尽，

希望同他们建立国内的和平。但是一切善良的愿望改变了他们的阶级本性的一分一厘一毫一丝没有呢？这些盗匪的历史，没有哪一个是可以和美国帝国主义分得开的。他们依靠美国帝国主义把四亿七千五百万同胞投入了空前残酷的大内战，他们用美国帝国主义所供给的轰炸机、战斗机、大炮、坦克、火箭筒、自动步枪、汽油弹、毒气弹等等杀人武器屠杀了成百万的男女老少，而美国帝国主义则依靠他们掠夺中国的领土权、领海权、领空权、内河航行权、商业特权、内政外交特权，直至打死人、压死人、强奸妇女而不受任何处罚的特权。难道被迫进行了如此长期血战的中国人民，还应该对于这些穷凶极恶的敌人表示亲爱温柔，而不加以彻底的消灭和驱逐吗？只有彻底地消灭了中国反动派，驱逐了美国帝国主义的侵略势力出中国，中国才能有独立，才能有民主，才能有和平，这个真理难道还不明白吗？

《将革命进行到底》

作者提出的这三个问题其实已经很明白，是为了强调而"明知故问"。

第二种：

一切种类的文学艺术的源泉究竟是从何而来的呢？作为观念形态的文艺作品，都是一定的社会生活在人类头脑中的反映的产物。革命的文艺，则是人民生活在革命作家头脑中的反映的产物。人民生活中本来存在着文学艺术原料的矿藏，这是自然形态的东西，是粗糙的东西，但也是最生动、最丰富、最基本的东西；在这点上说，它们使一切文学艺术相形见绌，它们是一切文学艺术的取之不尽、用之不竭的唯一的源泉。

《在延安文艺座谈会上的讲话》

"源泉"从何而来呢？作者自己一板一眼地剖析作答。

第一种与第二种的结合：

> 现在要问：效果问题是不是立场问题？一个人做事只凭动机，不问效果，等于一个医生只顾开药方，病人吃死了多少他是不管的。又如一个党，只顾发宣言，实行不实行是不管的。试问这种立场也是正确的吗？这样的心，也是好的吗？事前顾及事后的效果，当然可能发生错误，但是已经有了事实证明效果坏，还是照老样子做，这样的心也是好的吗？我们判断一个党、一个医生，要看实践，要看效果；判断一个作家，也是这样。真正的好心，必须顾及效果，总结经验，研究方法，在创作上就叫做表现的手法。真正的好心，必须对于自己工作的缺点错误有完全诚意的自我批评，决心改正这些缺点错误。

《在延安文艺座谈会上的讲话》

6. 顶真

过去做针线活儿时手上戴着一个工具叫"顶针"。顶着针往前推进。修辞中的顶真就是下一句的开头重复上一句的结尾，句子头尾相连相顶，有上递下接的趣味效果。如：

> 工农分子，可以自己的光荣出身傲视知识分子；知识分子，又可以自己有某些知识傲视工农分子……青年人可以因为自己聪明能干而看不起老年人，老年人又可以因为自己富有经验而看不起青年人。
>
> 《学习和时局》

> 他手里拿的是什么？是刀。刀有什么用处？可以杀人。
>
> 《抗日战争胜利后的时局和我们的方针》

这两例中的"知识分子""老年人""刀"都是顶真之处。

二、材料上的修辞

这类修辞是指在行文时为说明问题，常要借来新的材料进行对比、分析，或将原有字词材料重新分析、组装，产生一种材质的美和组合的美。这时，读者的美感首先来自材料。就如我们看到一件衣服，它向你展示的、引起你注意的主要不是设计样式，也不是衣服与人结合的气质（意境），而是材料的质地，是布、绸、麻还是化纤或者是混纺。

1. 比喻

比喻是用甲来比乙，通过甲乙之间的相似点转换思维，让读者更生动、更深刻地理解作者的意图。甲乙中有一项是主要的，而另一项是借来的材料。甲乙之间相距越远越好，在不可能相似的事物间找到了相似点，别有味道，出奇出新。比喻和被比喻的事物间必须有一点相似，但不能相同。比喻又分三种。

一是明喻。甲像乙，甲乙之间有"好像""如同""一样""若""似"等字词相连。

> 凡是反动的东西，你不打，他就不倒。这也和扫地一样，扫帚不到，灰尘照例不会自己跑掉。
>
> 《抗日战争胜利后的时局和我们的方针》

> 像飞机飞上天总得飞回来要落在一个地方，不能到处飞不落地。教条主义是不落地的，它是挂在空中的。
>
> 《在延安大学开学典礼上的讲话》

这两例用"一样""像"将相距甚远的甲乙相连，是用具体的物来比抽象的理。

二是隐喻，又叫暗喻，甲就是乙。甲乙之间常用"是"连接，或只说甲乙，省掉"是"字。

> 但我所说的中国革命高潮快要到来，决不是如有些人所谓"有到来之可能"那样完全没有行动意义的、可望而不可即的一种空的东西。它是站在海岸遥望海中已经看得见桅杆尖头了的一只航船，它是立于高山之巅远看东方已见光芒四射喷薄欲出的一轮朝日，它是躁动于母腹中的快要成熟了的一个婴儿。
>
> 《星星之火，可以燎原》

帝国主义和一切反动派也有两重性，它们是真老虎又是纸老虎。历史上奴隶主阶级、封建地主阶级和资产阶级，在它们取得统治权力以前和取得统治权力以后的一段时间内，它们是生气勃勃的，是革命者，是先进者，是真老虎。在随后的一段时间，由于它们的对立面，奴隶阶级、农民阶级和无产阶级，逐步壮大，并同它们进行斗争，越来越厉害，它们就逐步向反面转化，化为反动派，化为落后的人们，化为纸老虎，终究被或者将被人民所推翻。反动的、落后的、腐朽的阶级，在面临人民的决死斗争的时候，也还有这样的两重性。一面，真老虎，吃人，成百万人成千万人地吃。人民斗争事业处在艰难困苦的时代，出现许多弯弯曲曲的道路。中国人民为了消灭帝国主义、封建主义和官僚资本主义在中国的统治，花了一百多年时间，死了大概几千万人之多，才取得一九四九年的胜利。你看，这不是活老虎，铁老虎，真老虎吗？但是，它们终究转化成了纸老虎，死老虎，豆腐老虎。这是历史的事实。人们难道没有看见听见过这些吗？真是成千成万！成千成万！所以，从本质上看，从长期上看，从战略上看，必须如实地把帝国主义和一切反动派，都看成纸老虎。从这点上，建立我们的战略思想。另一方面，它们又是活的铁的真的老虎，它们会吃人的。从这点上，建立我们的策略思想和战术思想。

《关于帝国主义和一切反动派是不是真老虎的问题》

隐语常用在肯定、强调的语境中。革命高潮的到来"是"喷薄欲出的一轮朝日；帝国主义和一切反动派"是"真老虎又"是"纸老虎。不用怀疑。

三是借喻。干脆连甲也省掉，直接说乙。这样更含蓄、幽默。

> 国民党现在实行他们的堡垒政策，大筑其乌龟壳，以为这是他们的铜墙铁壁。
>
> 《关心群众生活，注意工作方法》

> 现在有些地方的仗打得相当大，例如在山西的上党区。太行山、太岳山、中条山的中间，有一个脚盆，就是上党区。在那个脚盆里，有鱼有肉，阎锡山派了十三个师去抢。
>
> 《关于重庆谈判》

前例直接说乌龟壳，借指碉堡；后例直接说有个脚盆，借指盆地；有鱼有肉，借指繁荣的解放区。可以看出借喻比隐喻更幽默、含蓄一点，常用于轻松或讽刺的语境。

2. 引用

在文章中直接引用别人的话以增加文章的可信度、权威性。

> 中国有句古话说："黎明即起，洒扫庭除。"黎明者，天刚亮也。古人告诉我们，在天刚亮的时候，就要起来打扫。这是告诉了我们一项任务。只有这样想，这样做，才有益处，也才有工作做。中国的地面很大，要靠我们一寸一寸地去扫。
>
> 《抗日战争胜利后的时局和我们的方针》

"三个臭皮匠,合成一个诸葛亮",这就是说,群众有伟大的创造力。中国人民中间,实在有成千成万的"诸葛亮",每个乡村,每个市镇,都有那里的"诸葛亮"。我们应该走到群众中间去,向群众学习,把他们的经验综合起来,成为更好的有条理的道理和办法,然后再告诉群众(宣传),并号召群众实行起来,解决群众的问题,使群众得到解放和幸福。

《组织起来》

春秋时候,鲁与齐战,鲁庄公起初不待齐军疲惫就要出战,后来被曹刿阻止了,采取了"敌疲我打"的方针,打胜了齐军,造成了中国战史中弱军战胜强军的有名的战例。请看历史家左丘明的叙述:

"春,齐师伐我。公将战。曹刿请见。其乡人曰:肉食者谋之,又何间焉?刿曰:肉食者鄙,未能远谋。乃入见。问:何以战?公曰:衣食所安,弗敢专也,必以分人。对曰:小惠未遍,民弗从也。公曰:牺牲玉帛,弗敢加也,必以信。对曰:小信未孚,神弗福也。公曰:小大之狱,虽不能察,必以情。对曰:忠之属也。可以一战。战则请从。公与之乘。战于长勺。公将鼓之。刿曰:未可。齐人三鼓。刿曰:可矣。齐师败绩。公将驰之。刿曰:未可。下视其辙,登轼而望之,曰:可矣。遂逐齐师。既克,公问其故。对曰:夫战,勇气也。一鼓作气,再而衰,三而竭。彼竭我盈,故克之。夫大国难测也,惧有伏焉。吾视其辙乱,望其旗靡,故逐之。"

当时的情况是弱国抵抗强国。文中指出了战前的政治准备——取信于民，叙述了利于转入反攻的阵地——长勺，叙述了利于开始反攻的时机——彼竭我盈之时，叙述了追击开始的时机——辙乱旗靡之时。虽然是一个不大的战役，却同时是说的战略防御的原则。

《中国革命战争的战略问题》

第一例引了一句古语，第二例引了一句民间谚语，第三例较完整地引了一段《左传》里的原文来说明战略战术的原则，是借古喻今。

蒋总统说："现在所遗憾的，是我们政府里面一部分人员受了共党恶意宣传，因之心理动摇，几乎失了自信。因为他们在精神上受了共党的威胁，所以只看见敌人的力量，而就看不见自己还有比敌人超过几十倍的大力量存在。"新闻年年皆有，今年特别不同。拥有六千多万名军官和兵士的国民党人看不见自己的六千多万，倒看见了人民解放军的三百多万，这难道还不是一条特别新闻吗？

《评战犯求和》

上例是引用对方的原话来成心驳斥对方，以子之矛攻子之盾。毛泽东善辩，一生不知写了多少批驳敌人的文章，多及这种引敌批敌的方法。

3. 借代
当说甲时不直说，而是用乙来代替，以收婉转含蓄之效。

搞社会主义，不能使羊肉不好吃，也不能使南京板鸭、云南火腿不好吃，现在云南没有火腿了吗？不能使物质的花样少了，布匹少了，羊肉不一定照马克思主义做，在社会主义社会里，羊肉、鸭子应该更好吃，更进步，这才体现出社会主义比资本主义进步，否则我们在羊肉面前就没有威信了。

1956年1月20日在关于知识分子问题的会议上的讲话

文章太长了，有谁来看呢？有些同志在前方也喜欢写长报告。他们辛辛苦苦地写了，送来了，其目的是要我们看的。可是怎么敢看呢？长而空不好，短而空就好吗？也不好。我们应当禁绝一切空话。但是主要的和首要的任务，是把那些又长又臭的懒婆娘的裹脚，赶快扔到垃圾桶里去。

《反对党八股》

外国和中国的毒蛇们希望中国人民还像这个农夫一样地死去，希望中国共产党，中国的一切革命民主派，都像这个农夫一样地怀有对于毒蛇的好心肠。但是中国人民、中国共产党和中国真正的革命民主派，却听见了并且记住了这个劳动者的遗嘱。况且盘踞在大部分中国土地上的大蛇和小蛇，黑蛇和白蛇，露出毒牙的蛇和化成美女的蛇，虽然它们已经感觉到冬天的威胁，但是还没有冻僵呢！

《将革命进行到底》

第一例借"羊肉、鸭子"来代替"物质生产"；第二例借"懒婆娘的裹脚"来代替长而空的文章；第三例从头到尾都是讲"大蛇和小蛇，黑蛇和白蛇，露出毒牙的蛇和化成美女的蛇"，但读者一看就知是在说反动派。

4. 映衬

这两种人都凭主观，忽视客观实际事物的存在。或作讲演，则甲乙丙丁、一二三四的一大串；或作文章，则夸夸其谈的一大篇。无实事求是之意，有哗众取宠之心。华而不实，脆而不坚。自以为是，老子天下第一，"钦差大臣"满天飞。

《改造我们的学习》

这样看来，"五四"时期的生动活泼的、前进的、革命的、反对封建主义的老八股、老教条的运动，后来被一些人发展到了它的反对方面，产生了新八股、新教条。它们不是生动活泼的东西，而是死硬的东西了；不是前进的东西，而是后退的东西了；不是革命的东西，而是阻碍革命的东西了。

《反对党八股》

你们吃饱了面包，睡足了觉，要骂人，要撑蒋介石的腰，这是你们美国人的事，我不干涉。现在我们有的是小米加步枪，你们有的是面包加大炮。你们爱撑蒋介石的腰就撑，愿撑多久就撑多久。不过要记住一条，中国是什么人的中国？中国绝不是蒋介石的，中国是中国人民的。总有一天你们会撑不下去！

《抗日战争胜利后的时局和我们的方针》

第一例"无实事求是之意，有哗众取宠之心。华而不实，脆而不坚"。第二例"不是生动活泼的东西，而是死硬的东西了；不是前进的东西，而是后退的东西了；不是革命的东西，而是阻碍革命的东西了"。第三例"我们有的是小米加步枪，你们有的是面包加大炮"。这三个例子都是两相映衬。映衬在形式上又常表现为对仗格。

5. 析字

通过对单字或词的形、音、义三个方面的拆解、解析而变化出新的意趣，从而引申文章的效果，这是析字。汉字有形、音、义三个方面的内容。这就给我们留下了开发的空间。在文章最小的单元内都可以挖掘腾挪，这是汉字的独特魅力，任何外语都没有这个功能。

同志们！你们都知道，二十二年前我们什么也没有，二十八年前甚至连共产党也没有。为什么过去没有的东西今天会有呢？就是因为人民需要。从前我当小学教员时，只是靠教书吃饭，没有想到要搞共产党，共产党是后来因为人民需要才成立的。二十二年以前蒋介石压迫我们，我们就到井冈山上，成立自己的军队——红军。那时人很少，枪也很少。开始时，大家都说不行，国内外敌人反对我们，说我们是"匪"。匪者非也，就是说是"不应当有的"。但是我们现在有四百万人民解放军,我们行不行呢?行得很。拿铁路来说,我们也要和国民党比一比,看谁把铁路办得好,是国民党办得好呢,还是我们办得好?这在目前,还不能完全得到证明。但我相信,大概一年左右,特别是在东北,铁路事业就可以走上轨道了。将来我们再逐渐改进和发展,一定能在全国把铁路办得比国民党好。

《依靠群众办好铁路建设事业》

这里把"匪"借谐音析到"非"上,然后借"非"之义展开论说。

国民党是不承认我们的。我们参加国民参政会,按照参政会条例的规定,是以"文化团体"的资格。我们说,我们不是"文化团体",我们有军队,是"武化团体"。

《抗日战争胜利后的时局和我们的方针》

先析出"文"的反义词"武",再从"武"字上解析,然后引申,展开论说。

6. 摹状

摹状就是摹写事物的状态,以造成一种如见其物、如临其境的效果。摹状有摹写声音和摹写形状两类,来调动读者的听觉、视觉审美。一般摹写声音的较多。

反对农会的土豪劣绅的家里,一群人涌进去,杀猪出谷。土豪劣绅的小姐少奶奶的牙床上，也可以踏上去滚一滚。动不动捉人戴高帽子游乡，"劣绅！今天认得我们！"为所欲为，一切反常，竟在乡村造成一种恐怖现象。

《湖南农民运动考察报告》

　　何况这是党八股，简直是老鸦声调，却偏要向人民群众哇哇地叫……人民的语汇是很丰富的，生动活泼的，表现实际生活的。我们很多人没有学好语言，所以我们在写文章做演说时没有几句生动活泼切实有力的话，只有死板板的几条筋，像瘪三一样，瘦得难看，不像一个健康的人。

《反对党八股》

　　第一例的"劣绅！今天认得我们！"是摹声；第二例的"哇哇地叫"是摹声，"只有死板板的几条筋，像瘪三一样，瘦得难看"是摹形。

7. 拟人

　　搞社会主义，不能使羊肉不好吃，也不能使南京板鸭、云南火腿不好吃，现在云南没有火腿了吗？不能使物质的花样少了，布匹少了，羊肉不一定照马克思主义做，在社会主义社会里，羊肉、鸭子应该更好吃，更进步，这才体现出社会主义比资本主义进步，否则我们在羊肉面前就没有威信了。

　　　　1956年1月20日在关于知识分子问题的会议上的讲话

这里"在羊肉面前就没有威信了"是把羊肉比拟为会说话、有思想的人。我们在和羊肉对话。

党八股的第四条罪状是：语言无味，像个瘪三。上海人叫小瘪三的那批角色，也很像我们的党八股，干瘪得很，样子十分难看。如果一篇文章，一个演说，颠来倒去，总是那几个名词，一套"学生腔"，没有一点生动活泼的语言，这岂不是语言无味，面目可憎，像个瘪三吗？

《反对党八股》

这里是把党八股比拟为一个人，一个瘦瘪三。

三、意境上的修辞

这一类修辞虽然也会用到形式、材料等法，但这时要达到的重点效果不是形式感观的美，而是直取内容，产生一种精神上的、意境上的、趣味上的美。类似国画的写意。这时作者主要不是调动读者的视觉、听觉的直觉美感，而是调动他的思维联想，制造一个供读者思考、享受的空间。

1. 讽喻

讽喻就是为了说明一个问题，临时造出一个故事，用故事来打比方，取讽刺、劝谏、阐发之效。与比喻的不同之处是：不止用一件事物比，而是用一个故事来比，但又不是寓言，这故事极简单，重点不在情节，而只在说出一个理。它有点儿接近寓言，但寓言是一个独立存在的完整故事，而且是只寓意其中，并不挑明其意；讽喻是必须挑明其意，毫不避讳。如：

> 马克思主义者看问题，不但要看到部分，而且要看到全体。一个虾蟆坐在井里说："天有一个井大。"这是不对的，因为天不止一个井大。如果它说："天的某一部分有一个井大。"这是对的，因为合乎事实。
>
> 《论反对日本帝国主义的策略》

这是以坐井观天来喻主观片面。但作者不直接用成语"坐井观天"，也不慢悠悠去讲一个完整的故事，而是把这个成语故事飞快地、粗略地说了一遍，重在讲后面的理。

> 抗战胜利的果实应该属谁？这是很明白的。比如一棵桃树，树上结了桃子，这桃子就是胜利果实。桃子该由谁摘？这要问桃树是谁栽的，谁挑水浇的。蒋介石蹲在山上一担水也不挑，现在他却把手伸得老长老长地要摘桃子。他说，此桃子的所有权属于我蒋介石，我是地主，你们是农奴，我不准你们摘。我们在报上驳了他。我们说，你没有挑过水，所以没有摘桃子的权利。我们解放区的人民天天浇水，最有权利摘的应该是我们。同志们，抗战胜利是人民流血牺牲得来的，抗战的胜利应当是人民的胜利，抗战的果实应当归给人民。
>
> 《抗日战争胜利后的时局和我们的方针》

作者临时设计了一个"摘桃子"的故事,很生动。以后,"摘桃子"倒成了一个常用的暗语。

2. 递进

递进是用连续的口气步步深入,层层揭示以收刨根见底之效。如:

> 革命的同志,抗日的战士,却被杀死了。什么人杀死的?军队杀死的。军队为什么杀死了抗日战士?军队是执行命令,有人指使军队去杀的。什么人指使军队去杀?反动派在那里指使。
>
> 《必须制裁反动派》

这是论证中的递进,层层推出是反动派在指使。

> 土豪劣绅,不法地主,则完全被剥夺了发言权,没有人敢说半个不字。在农会威力之下,土豪劣绅们头等的跑到上海,二等的跑到汉口,三等的跑到长沙,四等的跑到县城,五等以下土豪劣绅崽子则在乡里向农会投降。
>
> 《湖南农民运动考察报告》

头等、二等、三等、四等、五等,这是叙述中的递进。

3. 呼告

作者写文章是给读者听或看的,但是行文中作者突然撇开读者,

直呼文章中人或物,这叫呼告。呼告有一种活泼跳跃、戏剧演出的效果,说评书时常用到。如:

蒋介石说:"要知道政府今天在军事、政治、经济无论哪一方面的力量,都要超过共党几倍乃至几十倍。"哎呀呀,这么大的力量怎样会不叫人们吓得要死呢?

《评战犯求和》

作者引过蒋介石的话后突然"哎呀呀",以第三者的身份旁白一句。

4. 示现

示现是作者用超时空的手法,把并没有看见、实际不存在的场景说得如在眼前,化抽象为形象,更生动活泼,有一种特写镜头的效果。如:

在中国,有这样一个人,他叛变了孙中山的三民主义和一九二七年的大革命。他将中国人民推入了十年内战的血海,因而引来了日本帝国主义的侵略。然后,他失魂落魄地拔步便跑,率领一群人,从黑龙江一直退到贵州省。他袖手旁观,坐待胜利。果然,胜利到来了,他叫人民军队"驻防待命",他叫敌人汉奸"维持治安",以便他摇摇摆摆地回南京。只要提到这些,中国人民就知道是蒋介石。

《评蒋介石发言人谈话》

从十五日至二十五日十一天内，蒋介石三至沈阳，救锦州，救长春，救廖兵团，并且决定了所谓"总退却"，自己住在北平，每天睁起眼睛向东北看着。他看着失锦州，他看着失长春，现在他又看着廖兵团覆灭。总之一条规则，蒋介石到什么地方，就是他的可耻事业的灭亡。

《东北解放军正举行全线进攻》

　　上两例中，蒋介石率领一群人跑、袖手旁观、住在北平看东北等，实际没有这个景，这是作者用示现手法推出的一个高度概括的典型化镜头。

　　例如那些口讲大众化而实是小众化的人，就很要当心，如果有一天大众中间有一个什么人在路上碰到他，对他说："先生，请你化一下给我看。"就会将起军的。如果是不但口头上提倡提倡而且自己真想实行大众化的人，那就要实地跟老百姓去学，否则仍然"化"不了的。

《反对党八股》

　　"先生，请你化一下给我看。"这个镜头也是作者随手设计的，以示读者。

5. 夸张

　　前两个时期我们做了正确的事，也做了不正确的事，叫做跌跤子。我们把内战时期的历史检讨了一下，有些同志还检讨了大革命时期和抗战时期,这是很好的事情。检讨的目的在于得出经验教训,不在于把责任加在个别同志身上,因为加在那些同志身上没有好结果,把同志放在磨子里头磨成粉,有什么好处呢?能不能解决问题呢?不能解决问题。

《时局问题及其他》

"把同志放在磨子里头磨成粉",比喻残酷斗争。人当然不可能被磨成粉,这是夸张。

6. 拈连

在讲甲时顺手过渡到乙,巧妙地利用甲乙之间的某种联系,产生"一桥飞架南北"的效果。拈连又可以分两种,一种是字面的拈连,如:

我们参加国民参政会,按照参政会条例的规定,是以"文化团体"的资格。我们说,我们不是"文化团体",我们有军队,是"武化团体"。

《抗日战争胜利后的时局和我们的方针》

如果我们做地方工作的同志脱离了群众,不了解群众的情绪,不能够帮助群众组织生产,改善生活,只知道向他们要救国公粮,而不知道首先用百分之九十的精力去帮助群众解决他们"救民私粮"的问题,然后仅仅用百分之十的精力就可以解决救国公粮的问题,那末,这就是沾染了国民党的作风，沾染了官僚主义的灰尘。

《组织起来》

这两个例子就是从"文化团体"拈连到"武化团体"，从"救国公粮"拈连到"救民私粮"。这是从词面上的拈连。

另一种是词义上的拈连，如：

在野兽面前，不可以表示丝毫的怯懦。我们要学景阳冈上的武松。在武松看来，景阳冈上的老虎，刺激它也是那样，不刺激它也是那样，总之是要吃人的。或者把老虎打死，或者被老虎吃掉，二者必居其一。

《论人民民主专政》

"刺激"本来是针对反动派说的，这里拈连到"老虎"身上。

这里叫洋八股废止，有些同志却实际上还在提倡。这里叫空洞抽象的调头少唱，有些同志却硬要多唱。这里叫教条主义休息，有些同志却叫它起床。

《反对党八股》

"起床"本是专指人的动作，作者顺便把它拈连到"教条主义"上，同时也是一个拟人格。

现在还保存下来的党员有两万左右。第二个时期包括第一个时期有两万人或者两万人多一点，这一批人是很可宝贵的。现在我们有一百多万党员，是哪里来的？是土里长出来的，种子就是那两万多人。

《时局问题及其他》

说一百多万党员是土里生长出来的，这是把人在斗争中的生长与种子在土壤中生长相拈连。

拿洗脸作比方，我们每天都要洗脸，许多人并且不止洗一次，洗完之后还要拿镜子照一照，要调查研究一番，（大笑）生怕有什么不妥当的地方。你们看，这是何等地有责任心呀！我们写文章，做演说，只要像洗脸这样负责，就差不多了。

《反对党八股》

"调查研究"本是说工作，却拈连到洗脸。现在戏剧、小品特别是喜剧中常用一种手法叫"穿越"，在毛泽东的文章、讲话中早就用"拈连"格来实现"穿越"，在政治宣传中别有味道。薄一波在《回忆片断》（见1981年12月26日《人民日报》）一文中提到毛泽东的一次讲话："北方人——刘备、关羽、张飞、赵云、诸葛亮，组织了一个班子南下，到了四川，同地方干部建立了一个很好的根据地。"组织班子南下、地方干部、建立根据地等，这都是中国共产党在20世纪四五十年代的专用词语，把它拈接到4世纪的三国时代。这就是辞格造成的幽默效果。

7. 警言

又名警句,就是用极精练的语言,抽象出极深刻、准确的哲理。

没有一个人民的军队,便没有人民的一切。

《论联合政府》

帝国主义和一切反动派也有两重性,它们是真老虎又是纸老虎。

《关于帝国主义和一切反动派是不是真老虎的问题》

你们青年人朝气蓬勃,正在兴旺时期,好像早晨八九点钟的太阳。

1957年在苏联对中国留学生的讲话

没有调查,没有发言权。

《反对本本主义》

同志们,真正的铜墙铁壁是什么?是群众,是千百万真心实意地拥护革命的群众。

《关心群众生活,注意工作方法》

以上这些句子已经成了后人常引用的名言。

8. 起兴

起兴是借上面的一件事引出下面的一件事,两者之间没有有机的联系，只是借某一点相似之处做引子来巧妙地过渡，以收奇、趣、巧及轻松、活泼的效果。好像长江上建一座大桥，在离河岸的远处就开始起建引桥。这在诗歌，特别是民歌中常常用到。

如1939年7月9日，毛泽东对即将上前线的陕北公学（后来的华北联合大学）师生讲话，以《封神演义》故事作比：

姜子牙下昆仑山，元始天尊赠了他杏黄旗、四不像、打神鞭三样法宝。现在你们出发上前线，我也赠给你们三样法宝，这就是：统一战线、武装斗争、党的建设。

这里只是借"法宝"的字面引出下文。

他在《别了，司徒雷登》中说：

唐朝的韩愈写过《伯夷颂》，颂的是一个对自己国家的人民不负责任、开小差逃跑、又反对武王领导的当时的人民解放战争、颇有些"民主个人主义"思想的伯夷，那是颂错了。我们应当写闻一多颂，写朱自清颂，他们表现了我们民族的英雄气概。

这里也是只借"颂"字引出下文。

9. 倒反

倒反就是说反话，字面的意思和心中的意思正相反。倒反分两类：一类是只让语意相反并无讽刺之意（有时正是情深、爱惜）；另一类是讽刺。

党八股也就是一种洋八股。这洋八股，鲁迅早就反对过的。我们为什么又叫它做党八股呢？这是因为它除了洋气之外，还有一点土气。也算一个创作吧！谁说我们的人一点创作也没有呢？这就是一个！（大笑）

《反对党八股》

我们的亲爱的国民党先生们，你们在第三国际解散之后所忙得不可开交的，单单就在于图谋"解散"共产党，但是偏偏不肯多少用些力量去解散若干汉奸党和日本党，这是什么缘故呢？

《质问国民党》

那末，请问国民党的英雄好汉们，你们为什么要反对惩办战犯呢？你们不是愿意"缩短战争时间""减轻人民痛苦"的吗？假如因为你们这一反对，使得战争还要打下去，岂非拖延时间，延长战祸？"拖延时间，延长战祸"这八个字的罪名是你们在一九四九年一月二十六日以南京政府发言人的名义发出声明，加在共产党身上的，现在难道你们想收回去，写上招贴，挂在你们自己身上，以为荣耀吗？

《国民党反动派由"呼吁和平"变为呼吁战争》

以上三例都属于第二类。

怎样学习毛泽东的文风

问：我们注意到2013年春节一过，在2月28日的《人民日报》上，就罕见地以一整版的篇幅发表了您的《文章大家毛泽东》，在国内引起很大反响。您认为现在研究毛泽东的文风有什么特殊意义？

答：先要说明一点，毛泽东是伟人，是政治领袖。今天我们纪念他、研究他的文风，是针对现在的干部特别是高级干部该怎样写文章。

从来的纪念都是对历史的盘点和对未来的设计。改革开放以来我们取得了很大的成就，但是也出现了许多新矛盾，积累下不少的问题，甚至在某些方面如党风、文风更是倒退。广大党员和人民群众不由得会想起过去，反思党史。以史为镜这也是正常思维，正常逻辑。毛泽东也说过"向古人学习是为了现在的活人，向外国人学习是为了今天的中国人"。所以重提毛泽东的文风，研究它、学习它，实际上是对现实中党风、文风的批评和呼唤。

问：您在自己的著作中，多次提及毛泽东的文风。您认为，毛泽东的文风有哪些特点？

答：毛泽东是文章大家，他的文风正如他的事业，其成就是多方面的，我们只能抽取某个侧面。从今天的角度来讲，我认为有四点值得我们特别关注，就是文章的气势、思想、知识和语言。这实际上也是一个领袖的素质，是民众对领导人的期待。

第一个特点是有气势，毛泽东的文章有革命家的气势——理直气壮，舍我其谁。

领袖是什么？是领头羊，是旗手，是灯塔，是大丈夫。当领袖先得有一种"丈夫立世，独对八荒"的英雄气概。凡读过毛泽东文章的人都能感受到一种高屋建瓴、酣畅淋漓的气势。

请看他写的《人民英雄纪念碑碑文》：

> 三年以来，在人民解放战争和人民革命中牺牲的人民英雄们永垂不朽！
>
> 三十年以来，在人民解放战争和人民革命中牺牲的人民英雄们永垂不朽！
>
> 由此上溯到一千八百四十年，从那时起，为了反对内外敌人，争取民族独立和人民自由幸福，在历次斗争中牺牲的人民英雄们永垂不朽！

这真是气贯长虹，充满历史唯物主义和人民英雄主义的博大气象。这一段文字由周恩来手书，刻在人民英雄纪念碑上。两个伟人的作品，文章、书法都是一绝。可谓中国最大的一块"双绝碑"。中国人民真为他们的第一代领袖自豪。

毛泽东文章的这种气势在他一生的文章中是贯穿始终的。这是由他的理想、意志、学识和性格决定的。他上小学时创作的一首诗

《咏蛙》就气度不凡：

> 独坐池塘如虎踞，绿杨树下养精神，
> 春来我不先开口，哪个虫儿敢做声？

他在青年时期办《湘江评论》，面对风雨如磐的黑暗世界就喊出：

> 天下者，我们的天下；国家者，我们的国家；社会者，我们的社会；我们不说，谁说？我们不干，谁干？

在战争最困难的时候，他讲：

> 中国共产党依据马克思列宁主义的科学，清醒地估计了国际和国内的形势，知道一切内外反动派的进攻，不但是必须打败的，而且是能够打败的。当着天空中出现乌云的时候，我们就指出：这不过是暂时的现象，黑暗即将过去，曙光即在前头。
>
> 《目前形势和我们的任务》

> 我们中华民族有同自己的敌人血战到底的气概，有在自力更生的基础上光复旧物的决心，有自立于世界民族之林的能力。
>
> 《论反对日本帝国主义的策略》

在革命取得胜利时他讲：

诸位代表先生们，我们有一个共同的感觉，这就是我们的工作将写在人类的历史上，它将表明：占人类总数四分之一的中国人从此站立起来了。

让那些内外反动派在我们面前发抖吧，让他们去说我们这也不行那也不行吧，中国人民的不屈不挠的努力必将稳步地达到自己的目的。

《中国人从此站立起来了》

毛泽东一生绝不服软，绝不示弱，他的文章和讲话始终充满硬气、正气和王者之气。

第二个特点是有思想，有思想家的高度——理从事出，片言成典。

领袖是什么？是思想家，他要用他的思想统一队伍，率领民众改造世界。人们读领导人的文章不是读小说，也不是来听他说空话，而是要启迪思想，解决问题。之所以称为"毛泽东思想"，是因为他的讲话和文章中有思想，有解决中国实际问题的思想，解渴。给我们一点思想吧，这是人民对一个领袖的起码要求。

毛泽东文章中的思想体现在两个方面。

一是大的战略思想。毛泽东在各革命历史时期都有自己的思想，并为后来的实践证明是正确的。如土地革命战争时期的农村包围城市；抗日战争时期的统一战线、持久战战略；解放战争时期的将革命进行到底；建立政权之初的"两个务必"，反贪廉政；还有一系列的建党、建军思想。这些都体现在他的文章中。

二是具体的思想。毛泽东在谈每一个具体的、个性的问题时，能归纳出本质的、共性的哲理。这就是领袖，政治领袖，思想领袖。所以毛泽东的文章总是那样耐读、有味，并让人永远记住。

他在《关于重庆谈判》一文中讲当时的军事形势时说："他来进攻，我们把他消灭了，他就舒服了。消灭一点，舒服一点；消灭得多，舒服得多；彻底消灭，彻底舒服。"这段文字已经深入人心，以后在许多地方被人引用，甚至人们已经不大注意最初的出处。

类似的例子我们还可以举出很多，比如著名的"为人民服务"思想就是在一个普通战士的追悼会上说的，而《纪念白求恩》一文中则产生了关于做人标准的名言："我们大家要学习他毫无自私自利之心的精神。从这点出发，就可以变为大有利于人民的人。一个人能力有大小，但只要有这点精神，就是一个高尚的人，一个纯粹的人，一个有道德的人，一个脱离了低级趣味的人，一个有益于人民的人。"

他到苏联访问，一场临时的接见中他就讲出这样的至理名言："世界是你们的，也是我们的，但是归根结底是你们的。你们青年人朝气蓬勃，正在兴旺时期，好像早晨八、九点钟的太阳。希望寄托在你们身上。"

这叫"理从事出，片言为典"，从一件具体的事出发总结出普遍的真理，浓缩成一句话，从而成为经典。什么叫经典？常念为经，常说为典。经得起后人不断地重复，不停地使用。"理从事出，片言为典"，这是毛泽东的本事，也是毛泽东文章的魅力。

可知领袖应该是一个思想家，他的水平已经到了那一步，随便说出的话便有思想含量。用不着去凑、去憋、去描，去让秘书班子关门生造。

第三个特点是知识渊博，用典丰富。有学者式的积累，文库史海，信手拈来。

领袖又必须是学问家。他要懂社会规律，要知道过去的社会轨迹，要用这些知识改造社会，管理社会，引导社会前行。政治领袖起码是一个爱读书、多读书、通历史、懂哲学、爱文学的人。因为文学不只是艺术，还是人学、社会学。只读自然科学的人不能当政治领袖，第二次世界大战后以色列建国，请爱因斯坦出任总统，他有自知之明，坚决不干。毛泽东熟悉中国的文史典籍，在文章中信手拈来，十分贴切，借过去说明现在。

毛泽东文章的用典有三种情况。一是直接从典籍中找根据，证目前之理，就是常说的"引经据典"中的"引经"。比如在《为人民服务》中引司马迁的话：

人总是要死的，但死的意义有不同。中国古时候有个文学家叫做司马迁的说过："人固有一死，或重于泰山，或轻于鸿毛。"为人民利益而死，就比泰山还重；替法西斯卖力，替剥削人民和压迫人民的人去死，就比鸿毛还轻。

他在《论人民民主专政》一文中，引用了朱熹的一句名言：

宋朝的哲学家朱熹，写了许多书，说了许多话，大家都忘记了，但有一句话还没有忘记："即以其人之道，还治其人之身。"我们就是这样做的，即以帝国主义及其走狗蒋介石反动派之道，还治帝国主义及其走狗蒋介石反动派之身。如此而已，岂有他哉！

这就是政治领袖和文章大家的功力：能借力发力，翻新经典，为己所用；既弘扬了民族文化，又普及了经典知识。

二是借经典事例来比喻阐述一种道理。有时用史料，有时用文学故事，就是常说的"引经据典"中的"据典"。如他借东周列国的故事说："庆父不死，鲁难未已。战犯不除，国无宁日。"借李密的《陈情表》说司徒雷登："总之是没有人去理他，使得他'茕茕子立，形影相吊'，没有什么事做了，只好挟起皮包走路。"

毛泽东的文章大部分是说给中国的老百姓或中低层干部听的，所以他常搬出中国人熟悉的故事，如他在党的七大闭幕词中引了《愚公移山》的故事。毛泽东常将《水浒传》《西游记》《三国演义》等文学作品当哲学、军事著作素材来用，深入浅出，生动活泼。他用《水浒传》中的故事来阐述战争的战略战术：

> 谁人不知，两个拳师放对，聪明的拳师往往退让一步，而蠢人则其势汹汹，辟头就使出全副本领，结果却往往被退让者打倒。
>
> 《水浒传》上的洪教头，在柴进家中要打林冲，连唤几个"来""来""来"，结果是退让的林冲看出洪教头的破绽，一脚踢翻了洪教头。
>
> 《中国革命战争的战略问题》

孙悟空在他的笔下，一会儿比作智慧化身，钻入铁扇公主的肚子里；一会儿比作敌人，跑不出人民这个如来佛的手心。所以他的报告总是听者云集，欢声笑语，毫无理论的枯涩感。他是真正把古典融于现实，把实践融进了理论。

1949年新年到来之际，解放战争眼看就要胜利。蒋介石又要搞假和谈。毛泽东立即以新华社名义发表了一篇新年献词《将革命进行到底》，巧妙地用了一个《伊索寓言》典故：

> 这里用得着古代希腊的一段寓言："一个农夫在冬天看见一条蛇冻僵着。他很可怜它，便拿来放在自己的胸口上。那蛇受了暖气就苏醒了，等到回复了它的天性，便把它的恩人咬了一口，使他受了致命的伤。农夫临死的时候说：我怜惜恶人，应该受这个恶报！"外国和中国的毒蛇们希望中国人民还像这个农夫一样地死去，希望中国共产党，中国的一切革命民主派，都像这个农夫一样地怀有对于毒蛇的好心肠。但是中国人民、中国共产党和中国真正的革命民主派，却听见了并且记住了这个劳动者的遗嘱。况且盘踞在大部分中国土地上的大蛇和小蛇，黑蛇和白蛇，露出毒牙的蛇和化成美女的蛇，虽然它们已经感觉到冬天的威胁，但是还没有冻僵呢！

三是用典来"起兴"，与典的内容无关，但可增加文章的效果，妙趣横生。

"起兴"是诗歌特别是民歌常用的手法。如"山丹丹开花红姣姣，香香人材长得好。玉米开花半中腰，王贵早把香香看中了"。我们现在手机上调侃的段子也常用这种形式。如"曾经沧海难为水，大锅萝卜炖猪腿。在天要做比翼鸟，相约今天吃虾饺。君问归期未有期，去吃新疆大盘鸡"都很幽默。

毛泽东懂文学，爱诗，写诗，知道怎样让文章更美一些。他这时用典并不直接为"证理",或者并不主要是"证理",而是借典"起兴",引出下面的道理,形成一种幽默,加深印象,是"借典助理"。

如1939年7月9日,他对即将上前线的陕北公学(后来的华北联合大学)师生讲话,以《封神演义》故事作比:

姜子牙下昆仑山,元始天尊赠了他杏黄旗、四不像、打神鞭三样法宝。现在你们出发上前线,我也赠给你们三样法宝,这就是:统一战线、武装斗争、党的建设。

这里只是要从"法宝"的字面引出下文。
《毛泽东选集》四卷中共引用成语、典故三百四十二条。
他在《别了,司徒雷登》中说:

唐朝的韩愈写过《伯夷颂》,颂的是一个对自己国家的人民不负责任、开小差逃跑、又反对武王领导的当时的人民解放战争、颇有些"民主个人主义"思想的伯夷,那是颂错了。我们应当写闻一多颂,写朱自清颂,他们表现了我们民族的英雄气概。

这里也是只为从"颂"字引出下文。
第四个特点是个性的语言,是政治家加文学家的语言,典雅、通俗、幽默。

作为一个政治领袖,首先要会说话。因为你要表达,要动员。古今中外甚至有残疾的人都可以当领袖(如美国总统罗斯福),但没有一个哑巴能当领袖。语言是领袖的第一工具,是美人的一张脸。

典雅、通俗、幽默，这三点能做到一点亦不容易，但毛泽东三者皆备，而且是完美地结合。

记得我第一次接触毛泽东的文章，是在中学的历史课堂上，没耐心听课，就去翻书上的插图，有一张《新民主主义论》的影印件，如蚂蚁那么小的字，我一下子就被开头几句所吸引：

> 抗战以来，全国人民有一种欣欣向荣的气象，大家以为有了出路，愁眉锁眼的姿态为之一扫。但是近来的妥协空气，反共声浪，忽又甚嚣尘上，又把全国人民打入闷葫芦里了。

一看，"欣欣向荣""愁眉锁眼""甚嚣尘上""打入闷葫芦"这么多新词，我不觉眼前一亮，一种莫名的兴奋，这是一种从未见过的文字，说不清是雅、是俗，只觉得新鲜、很美。放学后回家就找来大人读的《毛泽东选集》读，我就是这样开始读毛泽东的文章的，开始并不为学政治，是为欣赏语言，读文学。沿着山花烂漫的曲径小路，一步一步直到政治大山的深处。

我们先看他典雅的一面。

这是他早期写的一段典雅的文字，是1916年他在游学的路上写给友人的信：

> 今朝九钟抵岸，行七十里，宿银田市……一路景色，弥望青碧，池水清涟，田苗秀蔚，日隐烟斜之际，清露下洒，暖气上蒸，岚采舒发，云霞掩映，极目遐迩，有如画图。
>
> 《致萧子升信》

这封手书与王维的《山中与裴秀才迪书》、郦道元的《三峡》相比如何？其文字清秀不分伯仲。

这是他在抗日战争中写的《祭黄帝陵》的开头几句：

赫赫始祖，吾华肇造；胄衍祀绵，岳峨河浩。
聪明睿智，光被遐荒；建此伟业，雄立东方。

由此，我们可以看出他深厚的古文功底。毛泽东在延安接受斯诺采访时说，他学习韩愈文章是下过苦功的，如果需要，他还可以写出一手好古文。我们看他早期写的文章是何等地典雅。

再看他通俗的一面。这一段文字：

我们都是来自五湖四海，为了一个共同的革命目标，走到一起来了。我们还要和全国大多数人民走这一条路。我们今天已经领导着有九千一百万人口的根据地，但是还不够，还要更大些，才能取得全民族的解放。

《为人民服务》

再看这一段：

此间首长们指示地方各界切勿惊慌，只要大家事前有充分准备，就有办法避开其破坏，诱敌深入，聚而歼之。今春敌扰河间，因我方事前毫无准备，受到部分损失，敌部亦被其逃去。此次务须全体动员对敌，不使敢于冒险的敌人有一兵一卒跑回其老巢。

《动员一切力量歼灭可能向石家庄进扰之敌》

"走到一起""还不够""切勿惊慌""就有办法"等，完全是老百姓的语言，是一种面对面的告诫、谈心。虽然是大会讲话、新闻电稿，但是通俗得明白如话。

再看一段通俗、典雅并重，严肃、大气的文字：

夺取全国胜利，这只是万里长征走完了第一步。如果这一步也值得骄傲，那是比较渺小的，更值得骄傲的还在后头。在过了几十年之后来看中国人民民主革命的胜利，就会使人们感觉那好像只是一出长剧的一个短小的序幕。剧是必须从序幕开始的，但序幕还不是高潮。中国的革命是伟大的，但革命以后的路程更长，工作更伟大，更艰苦……我们不但善于破坏一个旧世界，我们还将善于建设一个新世界。

《在中国共产党第七届中央委员会第二次全体会议上的报告》

而更多时候是"既上得厅堂，又下得厨房"，亦庄亦谐，轻松自如。如：

若说：何以对付敌人的庞大机构呢？那就有孙行者对付铁扇公主为例。铁扇公主虽然是一个厉害的妖精，孙行者却化为一个小虫钻进铁扇公主的心脏里去把她战败了。柳宗元曾经描写过的"黔驴之技"，也是一个很好的教训。一个庞然大物的驴子跑进贵州去了，贵州的小老虎见了很有些害怕。但到后来，大驴子还是被小老虎吃掉了。我们八路军新四军是孙行者和小老虎，是很有办法对付这个日本妖精或日本驴子的。目前我们须得变一变，把我们的身体变得小些，但是变得更加扎实些，我们就会变成无敌的了。

《一个极其重要的政策》

而最难的是幽默。幽默是什么？就是用轻松漂亮的姿态完成高难动作。如足球的倒钩射门，篮球的背投。政论文中的幽默就是用生动的文学语言，讲清艰深的政治道理。如在延安文艺座谈会上，讲到文化的重要时毛泽东说："我们有两支军队，一支是朱（德）总司令的，一支是鲁（迅）总司令的。"（正式发表时改为"拿枪的军队"和"文化的军队"。）

他在对斯诺讲到自己的童年时，风趣地说："我家分成两'党'。一个就是我父亲，是执政'党'。反对'党'由我、我母亲和弟弟组成。"斯诺听得哈哈大笑。

关于社会主义经济这样大的理论问题，他说：

搞社会主义，不能使羊肉不好吃，也不能使南京板鸭、云南火腿不好吃，现在云南没有火腿了吗？不能使物质的花样少了，布匹少了，羊肉不一定照马克思主义做，在社会主义社会里，羊肉、鸭子应该更好吃，更进步，这才体现出社会主义比资本主义进步，否则我们在羊肉面前就没有威信了。

1956年1月20日在关于知识分子问题的会议上的讲话

毛泽东的文章开创了政论文从未有的生动局面，工人、农民看了不觉为深，专家教授读了不觉为浅。

毛泽东既是乡间成长起来的知识分子，又是战火中锻炼出来的领袖。在学生时期他就受过严格的古文训练，后来在长期的斗争生涯中，一方面和工农兵朝夕相处，学习他们的语言；另一方面又手不释卷，和文学书籍、小说、诗词、曲赋、笔记等缠裹在一起，须臾不离。他写诗、写词、写赋、作对、写新闻稿和各种报告、电稿。所以毛泽东的文章典雅与通俗共存，朴实与浪漫互见。其语言熔古典与民间、政治与文学于一炉。时常有乡间农民的语言，又能见到唐诗、宋词里的句子。忽如老者炕头说古，娓娓道来；又如诗人江边行吟，感天撼地。

问：毛泽东无论写诗词、写新闻稿，还是写报告，都能做到笔走游龙，游刃有余。他为什么能写出这样精彩的文章，有什么秘诀吗？

答：其实不是什么秘诀，是规律，是大白话。如果一定要说秘诀，主要有三条。一是多读书；二是不脱离实践；三是不偷懒，亲自写。

先说毛泽东的读书，有这样几个特点。

一是读得多，他自述其学问，从孔夫子、梁启超到拿破仑再到马克思，什么都读。现在庐山图书馆还保存着毛泽东在庐山会议期间的借书单，从《庐山志》、《昭明文选》、《鲁迅全集》到《安徒生童话》，内容极广。

二是读书已成为他生命的一部分，在井冈山、延安时期找不到书，他派人到敌占区买。那时八路军驻西安、武汉、重庆等办事处都有一个任务，就是给延安买书。中华人民共和国成立后，他每次出差，随身的行李首先是一个大的木头书箱。他的住处名为"菊香书屋",藏书九万册。他睡一个大木床,有半个床堆满书,就这样长年伴书而眠。而且为了方便看书,有两个床腿还垫高一拳头,床面左右倾斜。晚年毛泽东患有眼疾,就专门从北大请一个教师来给他读书。他在延安时说过:"我如果再过十年死了,那么就学习九年零三百五十九天。"他去世的前一天,全身插满管子,醒过来就看书。最后一次阅读是去世前七小时。

三是认真读,研究,辨析,写了大量笔记、批注。如1958年刘少奇谈到贺知章的《回乡偶书》:"少小离家老大回,乡音无改鬓毛衰。儿童相见不相识,笑问客从何处来。"以此来说明唐代在外为官不带家眷。为此,毛泽东翻了《旧唐书》《全唐诗话》,然后给刘少奇写信说:

  唐朝未闻官吏禁带眷属事,整个历史也未闻此事。所以不可以"少小离家"一诗便作为断定古代官吏禁带眷属的充分证明。自从听了那次你谈到此事以后,总觉不甚妥当。请你再考一考,可能你是对的,我的想法不对。睡不着觉,偶触及此事,故写了这些,以供参考。

这里引出一个问题:一个领袖首先是一个读书人,一个读了很多书的人,一个熟悉自己民族典籍的人。一个不会自己母语的公民是不合格的公民,一个不熟悉自己民族典籍的领袖是不合格的领袖。毛泽东文章中引用了大量的典故,只《毛泽东选集》四卷中共引用成语、典故三百四十二条。

第二个秘诀是不脱离革命实践。他的文章是用血与火写成的,是中国革命的写照。从1921年中国共产党成立到1949年中华人民共和国成立，凡中国人民、中华民族经历的大事，毛泽东的文章中都写到了。如大革命时期的农民运动（《湖南农民运动考察报告》），土地革命战争时期的根据地斗争（《中国的红色政权为什么能够存在？》），抗日战争时期的对日斗争（《论持久战》），解放战争时期推翻蒋家王朝的斗争（《将革命进行到底》）。甚至一些重要的事件都有专门文章，如西安事变、皖南事变、重庆谈判。从中国共产党成立到中华人民共和国成立，他参与了中国革命的全过程，这是一个最为波澜壮阔的时期。

所以他的文章不像马克思、恩格斯文章那样是纯理论，也不像中共的早期领导人李大钊、陈独秀、瞿秋白所写的文章那样还没脱文人相，他深入到军事、政治活动中，又与工农密切接触。这大大丰富了他的思想和语言。

第三个秘诀是亲自动手。不管什么样的天才，读了多少书，经历有多丰富，要想将它们转化为文章，还是得亲自去写，多写，常写，熟能生巧，逐渐掌握规律。毛泽东特别强调领导亲自动手。他在1948年草拟的《关于建立报告制度》一文中要求："各中央局和分局，由书记负责（自己动手，不要秘书代劳），每两个月，向中央和中央主席作一次综合报告。"

毛泽东在1958年起草的《工作方法六十条（草案）》第三十八条规定："不可以一切依赖秘书""要以自己动手为主，别人辅助为辅"。毛泽东的一生是写作的一生，他用笔杆子打天下，写公文、论文、新闻，几乎用尽了所有的文体。毛泽东在西柏坡期间，一年时间亲手拟电报四百零八封，指挥了三大战役，迎来了新中国的诞生。现在西柏坡纪念馆将这些电报装饰在一个大走廊，是一个很壮观的时光隧道，我们走在其中，又回到了那个岁月。

读书、革命、写作是毛泽东"三位一体"的人生。

问：党中央作出关于改进工作作风、密切联系群众的八项规定后，您很快出版了《文风四谈》，短短数月再版三次。在书中您对"假、大、空、媚"的文风提出尖锐批评。并且，其中专有一章是"回看来路，想起毛、邓"。您认为，今天的领导干部应该如何从毛泽东的文风中学习做文？

答：第一条，要学做文，先学做人。我们常说文如其人。现在的问题是上下假风盛行，不只是做文假，而是做人假，做事假，假人做假文，假事靠假文。要想恢复好传统，先破这个"假"字。

习近平同志指出："还有的干部认为讲大话、空话、套话、歌功颂德的话最保险，不会犯错误""言行不一、表里不一，台上台下两个形象，圈内圈外两种表现"。

现在干部队伍中作秀成风。没有学问，装学问，让秘书查典故写稿子，讲话背稿子，急着在报上发文章，出书，写传记，编日记，图虚名。这样何谈写文章，更不可能写出毛泽东式的文章。毛泽东可能有这样那样的错误，但他始终是一个真实的人，他从不作秀，不装，不假。他在党的八大开幕词中讲"虚心使人进步，骄傲使人落后"，获得一致好评和热烈的掌声。他不掠人之美，立即说这不是他的话，是一个年轻人，他的秘书田家英写的稿。

第二条，要读书。前面我说过，一个干部，特别是高级干部首先是一个读书人。我们一些干部本来没有读多少书，阴差阳错地当上了干部或高级干部，得了便宜也不知道赶快去读书补课，自以为学问也同步见长，可还是腹中空空，拿什么来写大文章？读书可以获得精神营养，就像吃饭一样，别人不能代替。读书、写作是生命的一部分，是工作的一部分，也是当官的一部分。古人讲立功、立德、立言。

第三条，亲自动手。如毛泽东要求的不要秘书代劳，特别是署名文章一定要自己写。如果不会写就不要写。现在问题是不少干部不写文章，却争署名、要留名，抢着发文章、争版面，托人送稿子，出书。

当然还有许多，只要能先从这三条做起，就很不容易了，就会大有起色。

问：习近平总书记指出："实现中华民族伟大复兴，就是中华民族近代以来最伟大的梦想。"您曾提到，"民族复兴离不开文风复兴"。您为何将文风复兴在民族复兴中的作用定位得如此重要？您认为我们当下该如何实现文风的复兴？

答：我在《文风四谈》中曾说："文风从来不是一股单独的风。它的背后是党风、政风、官风、民风、商风及社会、时代之风。一个社会，经济在下，政治在上，文化则浸润其间，溢于言表。凡一种新风，无论正邪，必先起于政而发于文，然后回旋于各行各业各阶层民众之间，最后才现于文字、讲话、艺术及各种表演。所以，当我们惊呼社会上出现某种文风时，它早已跨山越水，穿堂入室，成了气候。'文风'这个词虽是中性的，但通常只要一单独提出，多半是出了问题。而且是从根子上出了大问题，就像我们看到远处的树林冒出青烟时，那片林子已经着火了。"

党史上治理文风从来是和治理党风、政风连在一起的。延安整风运动中，毛泽东把文风与学风、党风并提，讨伐"党八股"，给它列了八大罪状，说它是对五四运动的反动，是不良党风的最后一个"防空洞"。现在我们要实现民族复兴，先要复兴好的文风，好风凭借力，再用这好风去推动社会改革。

文风是党风、政风的表现，一旦形成就会顽固地影响党风、政风。所以，政治改革必先改文风。

如何实现文风复兴？关键要靠领导带头。党中央讲要刹吃喝风，立即就刹住了，说明并不难。但要真抓，还要上面带头。比如当年毛泽东说党八股是"懒婆娘的裹脚布，又臭又长"，是个"瘪三，瘦得难看"。他多次下发文件，要求领导干部亲自写公文，痛批坏文章，毫不留情面。一次，他看了一些会议文件不满意，大怒，说："讲了一万次了，依然纹风不动，灵台如花岗之岩，笔下若玄冰之冻。哪一年稍稍松动一点，使读者感觉有些春意，因而免于早上天堂，略为延长一年两年寿命呢！"（1958年9月2日的一封信）在毛泽东这样严厉的要求下，对坏文风可以说是"露头就打"，未能有太大的泛滥。而现在，坏文风可以说是沧海横流了。现在必须认真对待，就是拿出百倍的力气，也许才能收到十分之一的效果，不能掉以轻心。

第二章

文章之外的毛泽东

假如毛泽东去骑马

一、拟订的骑马走两河计划

毛泽东智慧超群，胆识过人，一生无论军事指挥还是政治建设方面都有出其不意的惊人的手笔，让人玩味无穷。但有一笔更为惊人，只可惜未能实现。

1959年4月5日在上海召开的党的八届七中全会上，毛泽东说："如有可能，我就游黄河、游长江，从黄河口子沿河而上，搞一班人，地质学家、生物学家、文学家，只准骑马，不准坐卡车，更不准坐火车，一天走60里，骑马30里，走路30里，骑骑走走，一直往昆仑山去，然后到猪八戒去过的那个通天河，翻过长江上游，然后沿江而下，从金沙江到崇明岛。""国内国际的形势，我还可以搞，带个电台。开会还是可以搞，比如，从黄河入海口走到郑州，走了一个半月，要开会了我就开会……开了会，我又从郑州出发。搞它四五年，就可以完成任务。我很想学明朝的徐霞客。"

1960年，毛泽东的专列经过济南，他对上车向他汇报工作的舒同、杨得志等同志说:"我就是想骑马沿着两条河走,一条黄河,一条长江。""如果你们赞成,帮我准备一匹马。"1961年3月23日,毛泽东在广州说:"在下一次会议或者什么时候,我要做点典型调查,才能交账。我想恢复骑马的制度,不坐火车,不坐汽车,想跑两条江。从黄河的河口,沿河而上,到它的发源地,然后跨过山去,到扬子江的发源地,顺流而下。不要多少时间,有三年的时间就可以横过去,顶多五年计划。"1962年,毛泽东的一个秘书调往陕西,毛泽东叮嘱他"先打个前站",自己随后骑马去。1972年,毛泽东大病一场,刚好一点儿,他就说:"看来,我的一片真诚感动了马克思和列宁,去黄河还是有希望的。"可见他对两河之行的热切向往。

自从看到这几则史料,我就常想,要是毛泽东真的实现了骑马走两河,该是什么样子?

这个计划本已确定下来,大约准备1965年春成行。1964年夏天从骑兵部队调来的警卫人员也开始在北戴河训练,也已为毛泽东准备了一匹个头不太大的白马,很巧合,他转战陕北时骑的也是一匹白马。整个夏天,毛泽东的运动就是两项:游泳和骑马。

但是,1964年8月5日,突发"北部湾事件",美国入侵越南。6日晨,毛泽东遗憾地说:"要打仗了,我的行动得重新考虑。"

这实在是太遗憾了,是一个国家的遗憾、民族的遗憾,中国历史失去了一次改写的机会。按毛泽东的计划是走三到五年,就算四年吧,两河归来,已是1969年,那个对国家民族损毁至重的"文化大革命"至少可以推迟发生,甚至可能避免。试想一位最高领袖深入民间四年,将会有多少新东西涌入他的脑海,又该有什么新的政策出台,党史、国史将会有一个什么样的新版本?一个伟大的诗人,用双脚丈量祖国的河山,"目既往还,心亦吐纳",又该有多少气势磅礴的诗作?

我们再看一下1965年的形势,那是中华人民共和国成立后最好的年份。正是成绩已有不少,教训也有一些,党和国家走在更加成熟的十字路口。当时我们已犯过的几个大错误是:1957年的反右,1958年的"大跃进"运动、人民公社化运动,1959年的反右倾,还遇上1959年到1961年的三年困难时期。这时,全党已经开始心平气和地看问题,在1962年的七千人大会上,刘少奇承认了"三分天灾,七分人祸"的错误,毛泽东也做了自我批评。形势也有了明显好转,原子弹爆炸,全国农业学大寨、工业学大庆,学雷锋、学焦裕禄,国力增强,民心向上。但是从深层来看,这些错误的根源还没有从思想上彻底解决。就像遵义会议已从军事上和组织上停止了"左"倾错误在党内的领导地位,但真正从思想上和路线上解决问题,还得等到延安整风运动。急病先治标,症退再治本,1965年,党和国家正是"症"初退而"本"待治之时。

毛泽东本将在这样的背景下深入基层调查研究,骑马走两河的。

二、在黄河两岸目睹民生维艰

我们设想,当毛泽东骑马走两河成行,对他触动最深的是中国农业的落后和农村发展的缓慢。

毛泽东是农民的儿子,他与农民有着天然的血脉联系。他最初领导的秋收起义及十年土地革命是为农民翻身得解放。他穿草鞋,住窑洞,穿补丁衣服,大口吃茶叶叶子,捡食掉在桌子上的米粒,趴在水缸盖儿上指挥大战役,在延安时还和战士一起开荒,在西柏坡时还下田插秧。还有包括江青看不惯的大口吃红烧肉、吃辣椒。

他就是一个农民,一个读了书、当了领袖的农民。毛泽东一生的思绪从没有离开过农民,只不过命运逼得他在中华人民共和国成立前的大部分时间还在研究战争。中华人民共和国成立后,又急于振兴工业,以致1953年发生了与梁漱溟的争吵,被梁漱溟误以为忘了农民。他在1958年发起的"大跃进"运动、人民公社化运动,也是为了提高工农业生产指标,有点儿空想,有点儿急躁,被彭德怀说成"小资产阶级狂热性"。那一句话真的刺伤了他的心,但没有人怀疑他不是为了农民。

我们设想他打马上路了,行行走走,一个半月后到达郑州。因为是马队,不能进城住宾馆,便找一个依岸傍河的村庄宿营,架好电台,摊开文件、书本。一如战争时期那样,有亲热的房东打水、烧炕,有调皮的儿童跑前跑后,饭后他就挑灯读书、办公。但我猜想毛泽东这天在郑州的黄河边肯定度过了一个不眠之夜。

河南是当年人民公社化运动的发祥地。这里诞生了全国第一个人民公社——信阳地区遂平县的"嵖岈山卫星人民公社"。七年前,1958年8月6日晚,他到郑州,7日晨就急着听汇报,当他看到《嵖岈山卫星人民公社试行简章(草稿)》时如获至宝,连说:"这是个好东西!"便喜而携去。接着又去视察山东,8月底就在北戴河主持政治局扩大会议,正式通过了《关于在农村建立人民公社问题的决议》。公社遍行全国,河南首其功,信阳首其功。

假如,毛泽东沿途一路走来,看到了许多1958年"大跃进"留下的半截子工程,虽经调整后,农村情况大有好转,但社员还是出工不出力。房东悄悄地对他说:"人哄地皮,地哄肚皮。"或许使他不得不思考"大跃进"和人民公社这种形式对农村生产力到底是起了解放作用还是破坏作用。为什么农民对土地的热情反倒下降了呢？想想解放战争时期，边打仗，边土改，农民一分到地就参军、支前，热情何等地高。

离开郑州之后，毛泽东大概会溯流而上，他很急切地想知道1960年完工的大工程三门峡水库现在怎么样了。这工程当时是何等地激动人心啊！诗人贺敬之的《三门峡·梳妆台》曾传唱全国："展我治黄河万里图，先扎黄河腰中带——……责令李白改诗句：'黄河之水手中来！'银河星光落天下，清水清风走东海。"毛泽东很想看看这万年的黄河，是不是已"清水清风走东海"，很想看看他日思夜想的黄河现在变成什么样子。

他立马高坡，极目一望时，这里却不是他想象中的高原明镜，而是一片湿地，但见水雾茫茫，芦花荡荡。原先本想借这座水库拦腰一斩，根治黄河水害，但是才过几年就已沙淤库满，下游未得其利，上游反受其害，关中平原的安全受到威胁。他眉头一皱，问黄河上游每年来沙多少，随行专家答："十六亿吨。"又问："现库内已淤沙多少？"答："五十亿吨。"就是再修十个水库也不够它淤填的啊！当初上上下下热情高涨，又相信苏联专家的话，匆匆上马。看来建设和打仗一样，也是要知己知彼啊。不，它比战争还要复杂，战场上可立见胜负，而一项大的经济建设决策，牵涉的面更广，显示出结果的周期更长。

毛泽东打马下山，一路无言。他或许想起了一个人，就是黄炎培的儿子黄万里，水利专家、清华大学教授。当年的三门峡工程，上下一片叫好声，只有一人坚决反对，就是黄万里。1955年4月周恩来主持七十多人的专家论证会，会开了七天，他一人舌战群儒，大呼：不是怎么建坝，而是三门峡根本就不宜建坝！下游水清，上游必灾啊。果然，大坝建成第二年，上游受灾农田就达八十万亩。

黄万里的意见没人听，他就写了一首小词，内有"春寒料峭，雨声凄切，静悄悄，微言绝"句。1957年6月19日的《人民日报》第六版登出了这首词，黄万里一夜之间就成了大右派。毛泽东记起自己说过的一句话："真理有时在少数人手里。"不觉长叹了一口气。

我猜想毛泽东若能重到西北，亲见水土流失，一定会重新考虑中国农业发展的大计。中华人民共和国成立后，毛泽东大多走江南，再没有到过黄河以西。但他阅读了大量史书，无时无刻不在做着西行考察的准备。1958年在成都会议上，山西省委书记陶鲁笳向他汇报引黄济晋的雄心壮志，他说："你这算什么雄心壮志，你们查一下《汉书》，那时就有人建议从包头引黄河过北京东注入海。当时水大，汉武帝还能坐楼船在汾河上航行呢，现在水都干了，我们愧对晋民啊。"这块中国西北角的红色根据地，当年曾支撑了中共领导的全民族抗战，支持了解放战争的胜利，但是自中华人民共和国成立以后就再也摆不脱黄风、黄沙、黄水的蹂躏。

晋陕之间的这一段黄河，毛泽东曾经两次东渡。第一次是1936年由绥德过河东征抗日，留下了那首著名的《沁园春·雪》；第二次是由吴堡过河到临县，向西柏坡进发，定都北京。当时因木船太小，跟随他多年的那匹老白马只好留在河西。他登上东岸，回望滔滔黄水，激动地讲了那句名言："你可以藐视一切，但不能藐视黄河。"据他的护士长回忆，毛泽东进城后至少九次谈起黄河，他说："这条河与我共过患难。""每次看黄河回来心里就不好受。""我们欠了黄河的情。""我是个到了黄河也不死心的人。"

这次，假如毛泽东重访旧地，我猜想米脂县杨家沟是一定要去的。1947年11月22日到1948年3月21日他一直住在这里，这是他转战陕北期间住得最长的一个村子，并在这里召开了有里程碑意义的,准备打倒蒋介石、建立新中国的"十二月会议"。但现在这里还是沟深路窄,仅容一马,道路泥泞,一如二十年前。农民的住房,还没有一间能赶上过去村里地主的老房子。而当年毛泽东的指挥部,整个党中央机关就借住在杨家沟一个马姓地主的宅院里,他就是在这里胜利指挥了全国的战略大转折。我去看过,这处院子就是现在也十分完好,村里仍无其他民房能出其右。如果这次毛泽东重回杨家沟还住在当年他的那组三孔相连的窑洞里,心中将会感慨良多。当年撤出延安,被胡宗南追得居无定所,但借得窑洞一孔,弹指一挥,就横扫蒋家百万兵。

　　向最基层的普通人学习,是毛泽东一向所提倡的。调查研究成了毛泽东政治品德和工作方法中最鲜明的一条。斯诺在他的《西行漫记》里曾写道:"我第二次看见他是傍晚的时候,毛泽东光着头在街上走,一边和两个年轻的农民谈着话,一边认真地在做手势。"毛泽东曾说:"当年是一个监狱的小吏让我知道了旧中国的监狱如何黑暗。"毛泽东在1925年到1933年曾认真做过农村调查,1941年又将其结集出版,他在《农村调查》的序言和跋里写道:"特殊地说,实际工作者须随时去了解变化着的情况,这是任何国家的共产党也不能依靠别人预备的。所以,一切实际工作者必须向下作调查。"那时他十分注意倾听基层呼声。有一个很有名的故事:延安的一个农民,一次天打雷劈死了他的毛驴,就说:"咋不劈死毛泽东?"边区保卫部门要以反革命罪逮捕这个农民。毛泽东说,他这样说必有他的理由,一问是边区农民负担太重。毛泽东就让减税。所以,当时边区地域虽小,生活虽苦,但领袖胸如海,百姓口无忌,上下一条心,共产党终得天下。

　　这次,假如毛泽东一路或骑马或步行又重新回到百姓中间,通过所见所闻，隐隐感到民间积怨不少，他会不会想起1945年在延安与黄炎培的"窑洞对"谈话？那时虽还未得天下，但黄炎培已问到他将来怎样治天下。他说："只要坚持民主，让老百姓监督政府，政权就能永葆活力。"想到让人民监督，毛泽东忽然忆起一个人，此人就是陕西户县（今西安市鄠邑区）农民杨伟名。杨伟名是一个普通农民，在村里任大队会计，他关心政治，有一点儿私塾的文化底子，苦学好读，"处江湖之远则忧其君"。他在1962年曾向中央写万言书，系统分析农村形势，提出许多尖锐又中肯的意见，比如：允许单干；敞开自由市场；不要急于过渡，再坚持一段新民主主义；要防止报喜不报忧……现在看来，这些话全部言中。这篇文章的题目叫《一叶知秋》，意即从分析陕西情况即可知全国农村形势之危。其忠谏之情溢于言表。毛泽东对这些意见当然听不进去，便愤而批曰："什么一叶知秋，是一叶知冬。"

其时，党内也早有一部分同志看到了危机，并提出了对策，比较有名的就是邓小平的"白猫黑猫"论。杨伟名的这篇文章在1962年的北戴河会议上被毛泽东点名批评。从此，逆耳忠言渐少，继而鸦雀无声。而黄河之滨这个朴素的农民思想家杨伟名则被大会批、小会斗，后在"文化大革命"中自杀。（2002年，陕西曾开研讨会纪念杨伟名，并为他出版文集。2005年，我曾访其故居，秋风小院在，柿树叶正红。）

这次，假如毛泽东重走黄河，又到陕西，看到当年的许多问题依旧没有结果，就会想起这个躬耕于关中的奇才，便会着人把他接来，做彻夜之谈。毛泽东像当年向小狱吏请教狱情、在延安街头光着头向农民恭问政情一样，向这个农民思想家问计于国是。这是20世纪60年代党的领袖与一位普通农民的对话。这不是《三国演义》

中卧龙岗的"隆中对",也不是1945年延安的"窑洞对",而是在黄河边的某一孔窑洞里的"河边对"。

杨伟名一定侃侃而谈,细算生产队的家底,纵论国家大势。毛泽东会暗暗点头,想起他自己常说的"群众是真正的英雄,而我们自己则往往是幼稚可笑的",又想起1948年他为佳县县委题的字"站在最大多数劳动人民的一面"。当时他转战到这里,部队要打佳县,仗要打三天,需十二万斤粮食,但粮食早让胡宗南抢掠一空。他问佳县县长张俊贤有没有办法,张俊贤说:"把全县坚壁的粮挖出来,够部队吃上一天;把全县地里未成熟的玉米、谷子收割了,还可吃一天;剩下的一天,把全县的羊和驴都杀了!"战斗打响,群众拉着粮、驴、羊支前,自己吃树叶、树皮。战后很长时间,这个县见不到驴和羊。张俊贤当然也在这次"河边对"的延请之列。毛泽东是性情中人,他或许还会当场邀张俊贤到中央哪个政策研究部门去工作,就像后面要谈到的,他听完就三峡问题的辩论后,当场邀李锐做他的秘书。何况张俊贤本来就一直是西北局的特聘编外政策研究员。而以张俊贤的性格则会说,臣本布衣,只求尽心,不求闻达,还是躬耕关中,位卑不敢忘国,不时为政府上达一点实情。送走客人,毛泽东点燃一支烟,仰卧于土炕上,看着窑洞穹顶厚厚的黄土,想起自己1945年在延安说过的那两句话:"我们共产党人好比种子,人民好比土地。我们到了一个地方,就要同那里的人民结合起来,在人民中间生根、开花。"现在早已生根开花,却将忘其土啊!

总之,还不等走完黄河全程,在晋、陕、宁、甘一线,毛泽东的心情就沉重复杂起来。在这里,当年的他曾是"六盘山上高峰,红旗漫卷西风""原驰蜡象,欲与天公试比高"。可现在,毛泽东无论如何也高兴不起来，他立马河边，面对滔滔黄河水，透过阵阵风沙，望着远处梁峁起伏、沟壑纵横的黄土地上那些俯身拉犁、弯腰点豆、背柴放羊的农民，不禁有一点儿心酸。"大跃进"、人民公社化运动这样轰轰烈烈，怎么就没能解放出更多的生产力，改善农民的生活，改变他们的境遇呢？

毛泽东继续沿黄河前行，北上河套，南取宁夏，绕了一个大弯后到兰州。在这里向北沿祁连山麓就是通往新疆的河西走廊，向南沿黄河就将进入上游的青海、四川，他决定在兰州休整一周。这兰州以西是历代流放钦犯和谪贬官员的地方，他想起林则徐虎门销烟之后就是经过这里而贬往新疆的。毛泽东出行，电台、文件、书籍三件宝，常读之书和沿途相关之书总要带足。现在韶山的毛泽东遗物馆里还存有他出行的书箱，足有一米见方。林则徐是他敬仰的人物，长夜难眠，他便命秘书找出林则徐的《云左山房诗钞》挑灯阅读，卷中有不少是林则徐在河南奉旨治完黄河后又一路继续戴罪西行，过兰州、出玉门的诗作，多抒发他的报国热情和记述西部的山川边情。林则徐的诗豪放而深沉，毛泽东性情刚烈而浪漫，把卷在手，戈壁古道长无尽，窗外黄河鸣有声。此时，两个人跨越时空，颇多共鸣。毛泽东有抄录名人诗作练字的习惯，他读得兴起，便再披衣下床，展纸挥毫，抄录了林则徐的一首《出嘉峪关感赋》：

东西尉侯往来通，博望星槎笑凿空。
塞下传笳歌敕勒，楼头倚剑接崆峒。
长城饮马寒宵月，古戍盘雕大漠风。
除是卢龙山海险，东南谁比此关雄。

这幅书法，借原诗的气势，浓墨酣情，神采飞扬，经放大后至今仍高高挂在人民大会堂甘肃厅的东墙上。书罢林诗，毛泽东推窗北望，想这次只能按原计划溯黄河而上，祁连山、嘉峪关一线是去不了啦，不觉有几分惆怅。新疆是他的胞弟毛泽民牺牲的地方，那个方向还有两件事让他心有所动。一是当年西路军在这里遭到极大损失，这是我军史上极悲惨的一页。二是1957年反右之后一大批右派被发配到西部，王震的兵团就安排了不少人，其中就有诗人艾青等不少文化人。现时已十年，这些人中似可起用一些，以示宽慰。他在这里休整一周，接见了一些仍流散在河西走廊的老红军，听取了右派改造工作的汇报，嘱咐地方调研后就这两件事提出相应的政策上报。

离开兰州，毛泽东一行会逆黄河而上，又经月余到达青、甘、川三省交界处的黄河第一弯。他登上南岸四川阿坝境内的一座小山，正是晚霞压山，残阳如血，但见黄河北来，蜿蜒九曲，明灭倏忽，如一道闪电划过高原，不禁诗兴大发，随即吟道：

> 九曲黄河第一弯，长河落日此处圆。
> 从来豪气看西北，涛声依旧五千年。

他想，我们一定要对得起黄河，对得起黄河儿女。

这里已近黄河源头，海拔四千米以上。他们放慢速度，缓缓而行，数十天后终于翻过巴颜喀拉山，到达长江的源头大通河，这便进入长江流域。

三、顺江而下反思"左"之错误

接下来，毛泽东走长江与走黄河的心境不同。在黄河流域，所到之处主要勾起了他对战争岁月的回忆和对老区人民的感念，深感现在民生建设不尽如人意，得赶快发展经济。而走长江一线更多的是政治反思，是关于在这里曾发生过的许多极左错误的思考。

顺沱沱河、通天河而下，入金沙江，便进入四川、贵州界。这里是中央部署的大三线基地。毛泽东不愧为伟大的战略家，他从战争中走来，居安思危，总担心国家遭到外敌入侵。在原子弹研制成功后，他又力主在长江、黄河的上游建设一个可以支持原子战争的大三线基地，还把自己的老战友彭德怀派去任基地三把手。

毛泽东与彭德怀的关系，可以说是合不来又离不开。历史上许多关系到党的命运和毛泽东威信的大战、硬战，都是彭德怀冲锋陷阵。最关键的有三次，红军长征出发过湘江、解放战争时的转战陕北和新中国刚成立时的抗美援朝战争。对于是否出兵朝鲜，中央议而不决，急调彭德怀从西北回京，他投了支持毛泽东的关键一票，而在林彪不愿挂帅出征的情况下，彭德怀又挺身而出，担起保家卫国的重任。但是自从进城之后，毛泽东与彭德怀之间渐渐生分。战争时期，大家都称毛泽东为"老毛"，进了北京，渐渐改称"主席"。有一天，彭德怀突然发现中南海里只有他一人还在叫"老毛"，便很不好意思，也悄悄改口。这最后一个称"老毛"的角色由彭德怀来扮演，从中也可以看出他们的交往之深和彭德怀性格的纯真率直。

但 1959 年在庐山上，两个战友终于翻脸。其时毛泽东正醉心于"大跃进"、人民公社化运动，雄心勃勃，自以为找到了迈向共产主义的好办法。彭德怀却发现农村公共食堂里农民吃不饱，老百姓饿肚子,"大跃进"破坏了生产力。"谷撒地,禾叶枯,青壮炼钢去,收禾童与姑,来年日子怎么过",他要为民鼓与呼。这场争论其实是空想与实事求是之争。结果,彭德怀被错误地划为右倾机会主义分子,并被指责与"黄、张、周"结成"反党集团",全国大反右倾,株连五百多万人。后来黄克诚说:"这件事对我国历史的发展影响巨大深远,从此党内失去了敢言之士,而迁就逢迎之风日盛。"但是,直到下山时毛泽东还说,我要写一篇大文章《人民公社万岁》,向全世界宣布中国的成就。而且他已让《人民日报》和新华社为他准备材料。但还不到年底,农村就败象渐露,这篇文章也就"胎死腹中"。1965年9月,毛泽东对彭德怀说:"也许真理在你那边。"便派他到三线来工作。

未想,两位生死之交的战友,庐山翻脸,北京一别,今日可能相会在金沙江畔,在这个三十年前长征经过的地方,多少话真不知从哪里说起。明月夜,青灯旁,白头搔更短,往事情却长。毛泽东向来敢翻脸,也敢认错。他在延安整风运动时对"抢救运动"中被错整的人脱帽道歉;1959年感谢陈云、周恩来在经济工作方面的冷静,说"家贫思贤妻,国难识英雄";1962年在七千人大会上承认"大跃进"的错误。毛泽东三年来的沿河考察,深入民间,所见所闻,许多争论已为历史所印证,他也许会说一声:"老彭,看来是你对了!"

行至四川境内,毛泽东还会想起另一个人,即他的秘书田家英。庐山会议前,毛泽东提倡调查研究,便派身边的人下去了解情况,田家英被派到四川。田回京后给他带去一份农民吃不饱、农业衰退的实情报告,他心有不悦。加之四川省委投毛泽东之好又反告田家英一状,田家英在庐山上也受到了批评,从此就再不受信任。这时他一定会想起田家英为他拟的那篇著名的党的八大开幕词:"虚心使人进步,骄傲使人落后。"不觉怅然若失。看来自己过去确实是有点儿好大喜功,下面也就报喜不报忧,造成许多失误。长夜静思,山风阵阵,江水隆隆。他推窗望月,金沙水拍云崖暖,惊忆往事心犹寒。

中华人民共和国成立后,毛泽东出京工作,少在北方,多在南方,所以许多作出重要决策的、在党史上有里程碑意义的会议多在长江一带召开。如1958年3月毛泽东坚持"大跃进",周恩来、陈云被迫做检讨的成都会议;4月再次确立了"大跃进"思路的武汉会议;1959年4月检讨"大跃进"的上海会议(就是在这次会议上,他第一次提出骑马走两河);1959年7月反右倾的庐山会议;1961年纠正"左"倾错误的第二次庐山会议等。总的来讲,这些会议上都是毛泽东说了算,反面意见听得很少。

但有一次毛泽东是认真听了不同意见,并听了进去。这就是关于建三峡水库的争论。自孙中山时,就有修三峡的设想,毛泽东也曾畅想"高峡出平湖",但对于到底是否可行,毛泽东十分慎重。1958年1月,南宁会议召开,也就在这次会议上毛泽东很欣赏反对派李锐,当场点名要李锐做他的秘书。毛泽东曾在1958年3月29日自重庆上船,仔细考察了长江三峡,至4月1日到武汉上岸。他对修三峡一直持慎重态度,他说:"但是最后下决心确定修建及何时开始修建,要待各个重要方面的准备工作基本完成之后,才能作出决定。"这次毛泽东骑马从陆路过三峡一定会联想到那个当年轻易上马,现已沙淤库满的三门峡水库。幸亏当时听了不同意见,三峡才成为"大跃进"中唯一没有头脑发热、轻易上马的大工程。现在想来都有点后怕,看来科学来不得半点虚假。1992年4月,七届全国人大五次会议通过兴建三峡工程的决议。在这个长过程中因为有反对意见，才有无数次的反复论证，人们说三峡工程上马，反对派的功劳比支持派还大。

毛泽东从四川入湖北，过宜昌到武汉。因这次是带着马队出行，当然不住上次住过的东湖宾馆，他大概会选依山靠水之处安营扎寨，这倒有了一点饮马长江的味道。毛泽东不禁想起他1956年在这里写的诗词《水调歌头·游泳》："才饮长沙水，又食武昌鱼。万里长江横渡，极目楚天舒。不管风吹浪打，胜似闲庭信步，今日得宽余。"又想起1958年4月在这里召开的武汉会议，在鼓动"大跃进"的同时，毛泽东给那些很兴奋的省委书记也泼了一点冷水。但全党的狂热已被鼓动起来，想再压下去已不容易。他想，那时的心态要是"不管风吹浪打，胜似闲庭信步"，再从容一点，继续给他们降降温，结果也许会好一点。

离开湖北进入江西不久就到了庐山。这庐山堪称是中国现代政治史上的一个坐标点。1886年英国传教士李德立在这里首先买地盖房，开发庐山。从1928年到1947年，前后二十年间，蒋介石多次在这里指挥"剿共"、抗日。1927年，瞿秋白在这里起草八一起义提纲。1937年卢沟桥枪声骤响，正在山上举办的国民党庐山军官训练团提前结业，直接奔赴抗日前线。1948年，蒋介石泪别庐山，败退台湾。

蒋介石离开十年后，1959年，毛泽东第一次登上庐山，住在蒋介石和宋美龄住过的美庐别墅，看见工人正要凿掉"美庐"二字，忙上前制止，说这是历史。就是这一次在山上召开了庐山会议。1961年，毛泽东欲补前会之错，又上庐山召开第二次庐山会议。他借用《礼记》里的一句话"未有先学养子而后嫁者也"，痛感革命事业不可能有人先给你准备好成熟的经验。这一次毛泽东在山上说,他此生有三愿:一是要下放去搞一年工业,搞一年农业,搞半年商业;二是要骑马到黄河、长江两岸进行实地考察;三是最后写一部书,把自己的缺点、错误统统写进去,让世人评说。他认为自己好坏七三开就满足了。

1970年,毛泽东又上庐山召开党的九届二中全会,敲山震虎,与林彪已初显裂痕。还有一件事少有人知,蒋介石去台湾多年,自知反攻无望,愿意谈判回归。1965年7月已初步达成六项协议,其中有一条:蒋回大陆后所选的"汤沐之地"(封地)就是庐山。可惜"文化大革命"一起,此事告吹。

到了庐山,毛泽东的两河之行已完成四分之三。他决定在这里休整数日,一上山便放马林间,让小白马也自由自在地轻松几日。他还住美庐,饭后乘着月色散步在牯岭小街上,不远处就是当年庐山会议时彭德怀、黄克诚合住的176号别墅,往西三十米是张闻天的别墅,再远处是周小舟的别墅。彭、黄、张都是井冈山时期和毛泽东一起的"绿林好汉",想不到掌权之后他们又到这座山上来吵架。

毛泽东忆想那次论争,虽然剑拔弩张,却也热诚感人,大家讲的都是真话。他自己也实在有点盛气压人。现在人去楼空,唯余这些石头房子,门窗紧闭,苔痕满墙,好一种历史的空茫。如果当时这庐山之争也能像三峡工程之争一样,允许发表一点不同意见,后果也不会这样。后来虽有1961年第二次庐山会议的补救之举,但创痛实深,今天想来,他心中或许生起一种隐隐的自责。回到美庐,刚点燃一支烟,一抬头看见墙上挂着1959年他一上庐山时写的那首豪迈诗作:

一山飞峙大江边，跃上葱茏四百旋。
　　冷眼向洋看世界，热风吹雨洒江天。
　　云横九派浮黄鹤，浪下三吴起白烟。
　　陶令不知何处去，桃花源里可耕田？

　　两河之行结束，大约是1969年的9月，正是国庆20周年的前夕。毛泽东回顾整理了一下四年来两河调查的思绪，或许会将中央政治局的委员们召集到上海，召开一次扩大的中央工作会议，通过三项决议。

　　一是今后一段时间内要重点抓一下经济建设，暂不搞什么政治运动；二是转变党的作风，特别戒假话、空话，加强调查研究和党内民主；三是总结教训，对前几年的一些重大问题统一认识。

　　三个决议通过，局面一新，当然也就没有什么"文化大革命"，没有彭德怀等一批老干部的损失，也没有田家英等一批中年精英的夭折。如果再奢望一点，还可能通过一个关于党的领导干部退休的决议。因为到这年年底毛泽东就满76岁了，两河之行，四年岁月，一万里路云和月，风餐露宿，鞍马劳顿。他一定感到身体和精力大不比当年长征之时，毕竟年龄不饶人。而沿途，考察接谈，视事阅人，发现无数基层干部，有经验，有知识，朝气向上，正堪大任。要放手起用新人。这几个决议通过，全党欢呼，全民振奋。国家、民族又出现新的机遇。真如这样，历史何幸，国家何幸，民族何幸！

　　可惜时光不能倒流，历史不能重演。

原载《学习时报》2010年4月26日，5月10日、17日、24日
《新华文摘》2010年第15期转载

这思考的窑洞

我从延安回来，印象最深的是那里的窑洞。

照理说我对窑洞并不陌生，我是在窑洞里生、窑洞里长的。我对窑洞的熟悉，就像对一件穿旧了的衣服，已经忘记了它的存在。但是，当三年前我初访延安时，这熟悉的土窑洞却让我的心猛然一颤，以至于三年来如魔在身，萦绕不绝。因为这普通的窑洞里曾住过一位伟大的人，而那些伟大的思想，也像土豆、小米的生长一样，在这黄土坡上的土洞洞里奇迹般地生长了出来。

延安是中国共产党领导全国人民进行民族革命和民主革命斗争的核心，更是那段艰苦岁月的生动象征。在大多数人的脑海里，延安似乎总是与战争、大生产、生死存亡的艰难抗争联系在一起。但是当我来到延安时，历史的硝烟早已经退去，眼前只有几排静静的窑洞，而每个窑洞门口又都钉有一块木牌，上面写明某年某月，毛泽东同志居住于此，著有哪几本著作。有时只居住几十天，仍然有著作产生。这时，仿佛墙上的钉子不是钉着木牌，而是钉住了我的双脚，让我久久伫立，不能移步。

院子里扫得干干净净，几棵柳树轻轻地垂着枝条，不远处的延河水在静静地流。我几乎不能想象，当年边区敌伪封锁，无衣无食，每天都在流血牺牲，每天都十万火急，毛泽东却沉稳地在这里思考、写作，酿造他的思想、他的与中国实际相结合的马克思主义。

我看着这一排排敞开的窑洞，突然觉得它们就是一排思考的机器。在中国，有两种窑洞：一种是给人住的，一种是给神住的。你看敦煌、云冈、龙门、大足石窟存了多少佛像，北岳恒山上的石洞里甚至还供着孔子、老子和释迦牟尼的像。这实际上是老百姓在假托一个神贮存自己的思想、自己的信仰。

彻底的唯物主义者不需要偶像，眼前这土窑洞里甚至连一张毛泽东的画像也没有。但是五十年了，来这里的人络绎不绝，因为这窑洞里的每一粒空气分子中都充满着思想。我仿佛看见每个窑门上都刻着"实事求是"，耳边总是响着毛泽东在延安整风运动时讲的那句话："'实事'就是客观存在着的一切事物，'是'就是客观事物的内部联系，即规律性，'求'就是我们去研究。"

自党中央1937年1月由保安迁到延安，毛泽东在延安先后住过四处窑洞。这窑洞首先是一个指挥部，毛泽东和他的战友在这里运筹帷幄，决胜千里。为了这些决策的正确，为了能给宏伟的战略找到科学的理论根据，毛泽东在这里于敌机的轰炸声中，于会议的缝隙中，拼命地读书、写作。所以更确切地说，这窑洞是毛泽东的书房。

当我在窑洞前漫步时，我无法掂量，是从这里发出的电报、文件的作用大，还是从这里写出的文章、著作的作用大。马克思当年献身工人运动，当他看到由于理论准备不足，工人运动裹足不前时，就宣布要退出会议，走进书斋，终于写出了《资本论》这本远远超出具体决定、跨越时空、震撼地球、推动历史的名著。

但是，当时的毛泽东无法退出会议，甚至无法退出战斗和生产，他在延安期间，每年还有三百斤公粮的生产任务。他的房间也不像马克思的房间一样有一张旧沙发，他只有一张旧木床；也没有咖啡，只有一杯苦茶。他只能将自己分身为二，用右手批文件，左手写文章。他是一个中国式的民族英雄，像古代小说里的那种武林高手，挥刀逼住对面的敌人，又侧耳辨听着背后射来的飞箭，再准备着下一步怎么出手。他是比一般人思考更深一层、行动更早一步的人。

毛泽东是领袖，更是思想家。随着时间的推移，他这些文章的力量已经大大超过了当时的文件、决定。像达摩面壁一样，这些窑洞确实是毛泽东和他的战友修炼"真功"的地方，是蒋介石把他们从秀丽的南方逼到这些土窑洞里。四壁黄土、一盏油灯，这里已经简陋到不能再简陋。但是唯物质生活的最简最陋，才能激励共产党的领袖们以最大的热忱、最坚忍的毅力、最谦虚的作风去做最切实际的思考。毛泽东从小就博览群书，为了救国救民，他还在不停地武装自己。

对艾思奇这个比他小16岁的一介书生，毛泽东写信说："你的《哲学与生活》是你的著作中更深刻的书，我读了得益很多，抄录了一些，送请一看是否有抄错的。其中有一个问题略有疑点（不是基本的不同），请你再考虑一下，详情当面告诉。今日何时有暇，我来看你。"记得在艾思奇同志逝世20周年时，在中央党校的展柜里我还见过毛泽东的另一封亲笔信，上有"与您晤谈，受益匪浅，现整理好笔记送上，请改"等字样。这不是对哪个人的谦虚，是对规律、对真理的认同。

中国历史上曾有许多礼贤下士的故事。比如：刘邦正在洗脚，听见有人来访，忙起来欢迎；还有我们耳熟能详的刘备三顾茅庐。

他们只不过是为了成自己的大事，而毛泽东这时是真正地在穷究社会历史的规律，他将一切有志者引为同志，把一切有识者奉为老师。蒋介石，中国历史上最后一个地主阶级的最高统治者，他何曾想到，现时延安窑洞里这一批人的厉害之处。他以为这又是陈胜揭竿、刘邦斩蛇、朱元璋起事，他万万没有想到，毛泽东早就跳出了那个旧圈子，而直取历史唯物主义和辩证唯物主义。

我在窑洞里徘徊，看着这些绵软的黄土，感受着这暖融融、湿润润的空气，不觉勾起一种遥远的回忆。我想起小时候躺在家乡的窑洞里，身下是暖乎乎的土炕，仰脸是厚墩墩的穹顶，炕边坐着做针线的母亲，一种说不出的安全和温馨。

窑洞首先是给人住的，它体现着人与大地的联系。希腊神话里的英雄安泰，只要脚不离地就力大无穷，任何敌人都休想战胜他。而在一次搏斗中，他的敌人就先设法使他脱离地面，然后击败了他，斯大林曾用这个故事来比喻党与人民的关系。延安岁月是毛泽东及我们党与土地、与人民联系最紧密的时期。他住在窑洞里，上下左右都是淳厚的黄土，大地紧紧地搂抱着他，四壁上下随时都在源源不断地向他输送着力量。他眼观六路，成竹在胸。

有一孔窑洞前的木牌上注明，毛泽东在这里完成了《论持久战》。依稀在孩童时，我就听父亲讲过这本书的传奇。那时他在边区，眼见河山沦陷，寇焰嚣张，愁云压心。一天，上级发了几本麻纸本的《论持久战》，几天后村内外便到处是歌声笑声，有如春风解冻一般。这个小册子在我家一直珍藏到"文化大革命"时期。后来读党史才知道，当时连蒋介石都喜得如获至宝，要求军中各高级将领人手一册，同时这本书很快又在美国出版。毛泽东为写这篇文章，在窑洞里伏案工作九个日夜，连炭火烧了棉鞋也全然不知。第九天早晨,当他推开窑门,让警卫员把稿子送往清凉山印刷厂时,我猜想他的心情,就像罗斯福签署了原子弹生产批准书一样激动,以后战局的发展果然都已呈现在他的书本之中。

一个伟人的思想是什么?是客观存在的规律,是事物间本来的联系,所以真理最朴素,伟人其实与我们最接近。一次在延安,雷电击死一头毛驴,驴主人说:"老天无眼,咋不劈死毛泽东?"有人要逮捕这个农民,消息传到窑洞里,毛泽东说骂必有因。一了解,是群众公粮负担太重,于是他下令每年由二十万担减到十六万担,又听从李鼎铭的建议精兵简政。毛泽东在这孔窑洞里领导了著名的延安整风运动,他的许多深刻的论述挽救了党,挽救了干部,但是当他知道有人被伤害时,就到党校礼堂作报告说:"今天我是特意来向大家检讨错误的,向大家赔个礼",并恭恭敬敬地把手举到帽檐下。

1940年,华侨陈嘉庚访问延安,他刚在重庆吃过八百元一桌的宴席,这时却在毛泽东的窑洞里吃两毛钱的客饭,但他回去后写文章说,中国的希望在延安。1945年,黄炎培访问延安,他看到边区的兴旺,想到以后的中国,问一个政权怎样才能永葆活力。毛泽东说,办法就是讲民主,就是让人民来监督。我想他说这话时,一定仰头环视了一下厚实的黄土。党的七大前后,很多人主张提毛泽东思想,他坚决不同意。他说:"这不是我一个人的思想,是千百万先烈用鲜血写出来的,是党和人民的集体智慧。""我这个人思想是发展的,我也会犯错误。"作家萧三要为他写传,他说还是多写群众。他是何等地清醒啊!政局、形势、作风、对策,都装在他清澈如水的思想里。

胡宗南进犯,他搬出了曾工作九年的延安窑洞,到米脂县的另一孔窑洞里设了一个沙家店战役指挥部。古今中外有哪一孔窑洞配得上这份殊荣啊，土墙上挂满地图，缸盖上摊着电报，土炕上几包烟、一个大茶缸，地上一把水壶，还有一把夜壶。中外军事史上哪有这样的司令部、这样的统帅？毛泽东三天两夜不出屋、不睡觉，不停地抽烟、喝茶、吃茶叶、签发电报，一仗俘敌六千余。他是有神助啊，这神就是默默的黄土，就是拱起高高的穹庐、瞪着眼睛思考的窑洞。大胜之后他别无奢求，推开窑门对警卫说，只要吃一碗红烧肉。

当你在窑洞前徘徊默想时，耳边会响起黄河的怒吼，眼前会飘过往日的硝烟。但是你一眨眼，面前仍只有这一排静静的窑洞。自古都是心胜于兵，智胜于力。中国革命的胜利实在是一种思想的胜利，是毛泽东思想的胜利，是毛泽东那几篇文章的胜利。

延安的这些窑洞真不愧为毛泽东思想的生产车间。延安时期是毛泽东展示才华、思考写作的辉煌时期，收入《毛泽东选集》（四卷）的一百五十六篇文章，有一百一十二篇是在这个时期写成的。毛泽东离开延安在陕北又转战了一年。1947年12月的一天，毛泽东在陕北米脂的一个窑洞里展纸研墨，他说："我好久没有写文章了，写完这一篇就要等打败蒋介石再写了。"他大笔一挥，写了《目前形势和我们的任务》，说我们要打正规战，要进攻大城市了。这是他在陕北窑洞里写的最后一篇文章，写罢掷笔，便挥师东渡黄河，暂居西柏坡为人民政权定都北京去了。

他再没有回延安，只是在宝塔山下留下了这一排永远思考的窑洞。思想这面铜镜总是靠岁月的擦磨来现其光亮，半个世纪过去了，作为政治家、军事家的毛泽东离我们渐走渐远，而作为思想家的毛泽东却离我们越来越近。

1996年10月12日

原载《散文》1997年第1期

韶山毛泽东图书馆记

到韶山参加一个纪念毛泽东同志诞辰120周年的活动,我意外地发现在离毛泽东故居不远处的山坡上,有一座毛泽东图书馆。为伟人、名人建纪念图书馆,在国外几成风气,美国每个退休总统几乎都有一座,中国却极少见。以毛泽东之名命名的这座图书馆未能建在北京等大都市,而是建在他家乡的小山冲里。我很好奇,便进去一看。

图书馆不大,实用面积只有六百八十平方米。这里只收三类书:一是毛泽东写的书,各种选集、文集、单行本;二是毛泽东看过和评点过的书;三是写毛泽东的书,即各种研究毛泽东的书。图书馆的功能以收藏、陈列为主,兼有一点借阅,游人可免费参观。但因知道的人不多,来者寥寥,那天我去时馆内十分清静。

一般而言,无论是博物馆,还是图书馆,都有自己的镇馆之宝。我问接待我的刘馆长:"能不能看看你们的宝贝?"他先戴上一副薄薄的白手套,又递给我一副,然后让管理员捧出一个盒子。打开,里面是一本蓝皮黄纸的书,小三十二开本,约有一寸之厚,他说:

"这就是我们的镇馆之宝,是已知的历史上出版的第一本《毛泽东选集》。"1942年延安整风运动时党中央成立了宣传教育委员会,毛泽东是主任,王稼祥是副主任。延安整风运动过后,为了推动干部的学习,晋察冀边区请示中央宣传教育委员会后,决定编一本《毛泽东选集》,这个任务交给了时任晋察冀日报社社长的邓拓。邓拓是党内的才子,是一个好学习、好收藏、好研究问题,又很有政治眼光的知识分子,他平时尤好收集毛泽东的讲话、文章。边区党委于1944年1月下发文件,邓拓三个月后就编出了这本书。现在我们看到版权页上写着:编印:晋察冀日报;发行:晋察冀新华书店;定价:三百元(边币);一九四四年五月初版。

我俯下身子仔细观察这件宝物,虽然手上也戴了一副白手套,却不敢翻它一下,生怕碰碎那已经被岁月浸泡了七十年的薄纸。全书分为五卷,实际上是一个五卷本《毛泽东选集》合订本。

中华人民共和国成立后正式出版《毛泽东选集》合订本是"文化大革命"后期的事,当时是四卷合订。我记得刚看到这种合订装帧时,有一种莫名的兴奋。想不到在抗日的漫天烽火中就曾诞生过《毛泽东选集》合订本,而且还是五卷。看着这本小书,你会明白什么是思想的力量,什么是领袖的魅力,而书籍就是在收集思想,收藏历史。

以当时的条件,毛泽东的文章不可能收齐,比如《湖南农民运动考察报告》就只收了前两个部分。这本集子主要源于邓拓个人的剪报资料。当时纸张奇缺,从书的封口上可以看出,纸质和色度都不一致。印装也有失误,如一百二十四页后就找不到一百二十五页。但它却有一个惊人的装帧——蓝色缎面精装。这是从地主老财家找来的缎子被面,用手工制作的,这样的精装本只做了十本。我们现在看到的这个本子是三年前图书馆花了三十万元从河北一个收藏者手里买来的。现在社会上还流传着另一本，品相比这本还好一点，缎面上的一朵暗花正好在封面的中心，拍卖价已经出到一百六十万元，主人还不肯出手。

《毛泽东选集》的编辑出版过程中，有两个人发挥了极为重要的作用：一个是邓拓，在战火中编了第一本《毛泽东选集》；一个是田家英，精心保存了毛泽东的许多手稿，是中华人民共和国成立后编辑《毛泽东选集》的主力。

在珍品室还有这样几件藏品：一件是中华人民共和国成立前国统区正申书局出版的小册子，封面书名为《孙中山先生论地方自治》，打开后里面却是毛泽东的文章选编，这是为了躲避国民党的检查；还有一本《六大以前》，落款是"中共中央书记处印，一九四二"。当时为配合整风，中央编了《六大以前》《六大以后》《两条路线》等几本书。因为这本书是作为高级干部学习用的，印数很少，又赶上胡宗南进攻延安，撤离时大都被销毁了，所以流传极少。这本《六大以前》现在全国仅存两本。

馆内收藏的各种毛泽东著作版本有两千多种，1949年以前的有七百种。其中还有一些珍品。如1945年7月江南根据地在芦苇荡里用芦苇制纸印刷出版的《毛泽东选集》，有陆定一曾签名收藏的中共晋察冀中央局1947年3月编的《毛泽东选集》一到六卷，等等。最特别的是一种手抄本《毛泽东选集》，抄者大都是书法爱好者，且对毛泽东有特别的敬仰之情，做这件事时怀有一种僧人抄经式的虔诚。一位河北沧州的退休干部用行书在宣纸上手抄了全部《毛泽东选集》四卷，每个字如小核桃般大，然后手工装裱成书四十八册，在1998年12月26日毛泽东同志诞辰那天，他亲自将书送到韶山。还有一个手抄本更为奇特，也是毛笔宣纸手抄四卷本，但一色蝇头小楷，每个字与《毛泽东选集》里的铅字一样大，每一页无论页码、标点、版式、字数都与原书相同，抄完后也手工装订成一套《毛泽东选集》四卷。这简直是一件巧夺天工、以手工而夺现代印刷机器之工的稀世艺术珍品。这些手抄本都曾有人出天价收藏，但作者只捐赠给这里，分文不取。

毛泽东一生酷爱读书，也许是一种巧合，他在中南海办公的地方就名"菊香书屋"。读书是毛泽东生活的一部分，生命的一部分。他平时睡一张大木板床，半张床上却堆满了书。他在延安时说："我如果再过十年死了，那么就要学习九年零三百五十九天。"直到去世前七小时他还在阅读，真正是伴书食，伴书眠，伴书工作，伴书而终。

毛泽东去世后从菊香书屋清出九万多册书。这些书上有他大量的批注手迹，都一起移送中央档案馆了。而那张与书共眠的大木床则被乡亲们请回了韶山，现保存在离图书馆不远的毛泽东遗物馆。毛泽东晚年视力不好，阅读困难，他就用自己的稿费印了一批大字本的书，共一百一十九种。开始用三号、二号字印，后来视力再减退，干脆用标题字号来印。可想他当时想要读书的急迫之情和捧读之苦。

毛泽东的读书习惯是看一遍画一个圈，有的书上竟画了二十四个圈。他一生读过多少书，已经无法统计，从英文版的《共产党宣言》到《红楼梦》，甚至还有《安徒生童话》等，古今中外无所不包。九万册书啊，这是一个伟人为自己筑起的一座蜿蜒的知识长城。单凭这一点，毛泽东也该赢。当然他最喜欢读的还是中国的史书，馆内现收有一套线装本《毛泽东评点二十四史》复制本。

馆藏书中最多的还是第三类，即后人研究毛泽东的书，有三万多种。这些书研究他的生平、思想、战例、战法、著作、讲话、家事、家谱、生活习惯等。有身边工作人员的回忆，有长期追随他的将军、书记、部长的追述，有学者的研讨，还有近年兴起的借毛泽东思想对经商、处世、治学的研究。

毛泽东去世已近四十年，人们对他的研究热情并未消减。真是"才下眉头，又上心头"，没有办法，历史抹不去毛泽东。毛泽东走过了一个时代，创造了一个时代，也代表了一个时代。那个时代的人物事件，边边角角，时时处处，都折射着他的影子。

在书架的长阵间浏览，你会看到许多这样的书名：《毛泽东与周恩来》《毛泽东与蒋介石》《毛泽东与斯大林》，还有《毛泽东与佛教》《毛泽东与戏曲》，甚至《毛泽东与南阳》《毛泽东与城南庄》，从重大事件到生活点滴，似乎一草一木无不与他相关。这时，你会突然明白什么是领袖。领袖就是他的思想、意志、魅力摆在那里，你不得不随他前行，而他离开这个世界后却仍然定格在历史上。

从图书馆出来我重游了毛泽东的故居。真不敢想象，就是从这几间小土房子里走出了这样一位巨人。故居旁是毛泽东8岁时开始上的第一个私塾——南岸私塾。他八年换了七个私塾，总是不停地发问。小山冲已经放不下他，他便到长沙求学，到北京大学工作，去见李大钊，见蔡元培。

从南岸私塾到毛泽东图书馆，一个伟人就这样走过了一条读书之路。这两处的空间距离只有一里地，而时间跨度是八十年。八十年的读书、思考、奋斗造就了一个伟人；而八十年的血与火、情与泪、功与过又全部留在他的书里，藏在山坡上的这座图书馆中。

2013年11月6日记于韶山

原载《人民日报》2013年12月25日

红毛线，蓝毛线

政治者，天下之大事，人心之向背也。

向来政治家之间的斗争就是天下之争，人心之争。孙中山以"天下为公"为口号，一个政治家总是以他为公的程度，以他对社会付出的多少来换取人民的支持度，换取社会的承认度。有人得天下，有人失天下。中国从有纪年的公元前841年算起，不知有多少数得上名的君臣、政客，他们讲操守，也讲牺牲，以换取人心，换取天下。

唐太宗爱玩鹞鹰，魏徵来见，忙放在怀中，话谈完了，鹞鹰也闷死在怀中。王莽篡位前为表明不徇私情，甚至将自己的儿子处死。汪精卫年轻时也曾有行刺清朝大臣的壮举。人来人去，政权更替，这种戏演了几千年，但真正把私心减到最小，把公心推到最大的只有共产党和她的领袖们。当历史演进到20世纪40年代末，又将有一次政权大更替时，河北平山县西柏坡这个小山村，再次为我们提供了这个证明。

如今，在西柏坡村村口立着当时党的五位书记的塑像，他们是：

毛泽东、刘少奇、周恩来、朱德、任弼时。五位书记刚从村里走出来，正匆匆忙忙像是要到哪里去。这时中国革命已到了最关键的时候，曾经觊觎并蹂躏了中国河山达半个世纪之久的日寇终于心衰力竭，无可奈何地举手投降了，中国大地上突然又只剩下两大势力集团：以毛泽东为主要代表的共产党和以蒋介石为主要代表的国民党。

二十年前，蒋介石就"剿共"，现在日本人走了，蒋介石又重做这个梦。你看东北"剿总"、华北"剿总"，又到处扯起"剿"字旗，他想在北方重演一场当年在江西的戏。但这时，早已南北易位，时势相异。毛泽东从容地将五位书记一分为二，他说，他和周恩来、任弼时在陕北拖住胡宗南，刘少奇和朱德可先到河北平山组织一个工作班子。平山者，陕北与北平间一块过河的"踏石"，此时一收天下之势已明矣。

虽然已经有人马数百万，土地数千里，就要进京开国了，但是当五位书记住进这个小村时，并没有什么金银细软。他们和其他所有的干部一样，只有一身灰布棉制服。刘少奇带着那只跟随了他多年的文件箱，那是一个如农家常用的小躺柜，粗粗笨笨，一盖上盖子就可以坐人。这箱子后来进了北京，在"文化大革命"抄家中，幸亏保姆在上面糊了一层花纸才为我们保存了下来。现在这小木箱又按原样放在刘少奇同志房间的右角。

而左角则是一个只有二尺宽、齐膝高的小桌，这是当时从老乡家借来的。刘少奇同志就是伏在这个小桌上起草了《中国土地法大纲》。他写好"大纲"后，就去村口召开全国土改工作会。露天里搭了一个白布棚算是主席台，从各边区来的代表就搬些石头块子散坐在棚前。座中最年轻的代表，是毛泽东的长子毛岸英。这将是一次要把全国搅得天翻地覆，有里程碑意义的大会啊！会场没有沙发，没有麦克风，没有茶水，更没有热毛巾。这是一个真正的会议，一个舍弃了一切形式、只剩下内容、只剩下思想的会议。今天，当我们看到这个小桌、这个会场时，才能顿然悟到，开会本来只有一个目的，那就是工作，大家聚在一起是为了接受新思想，通过交流碰撞产生新思想，其他都是多余的，都是附加上去的。可惜后来这种附加越来越多。

这个朴素的会议，讲出了中国农民一千多年来一直压在心里的一句话：分土地。这话经太行山里的风一吹，便火星四溅，燃遍全国。而全国早已布满了干柴，这是已堆了一千多年的干柴啊！从陈胜、吴广到洪秀全，这场火着了又熄，熄了又着，总没有着个透。现在终于大火熊熊，铺天盖地。土改极大地调动了农民的积极性，三大战役中民工支前参战就达八百八十六万人，相当于国民党的全部陆海空军。

解放战争实质上是十年土地革命的继续，是中国农民一千多年翻身闹革命的总胜利，而土改则是开启这股洪流的总闸门。但开启这个闸门的仪式竟是这样地平静，没有红绸金剪的剪彩，没有鼓乐，没有宴会，摆在我们面前的只是这个木箱、这张二尺小桌，和河滩里这一片曾作为会场的光秃秃的石头。

1948年5月，毛泽东、周恩来和任弼时在陕北转战一年，拖垮了胡宗南后也来到了这里。五位书记重新会合了。毛泽东决定在这里摆文、武两着棋。

第一着是打三大战役。他在隔壁的院子里布置了一间作战室，国共两党已经斗了十多年，他要在这里再最后斗一斗蒋介石。

这是一间普通的农家房舍，大约不到三十平方米，里面摆着三张大桌子。一张作战科用，一张情报科用，一张资料科用。大屋子里彻夜灯火通明（那时已开始有电灯，但又常离不开油灯），来自全国各战场的电报汇集到这里，参谋们紧张地分析、研究、报告。讲解员说当时很难买到红蓝铅笔，为了节省使用，参谋们就用红毛线、蓝毛线在地图上标识敌我态势。虽然我们这时已在进行着百万大军的总决战了，但其实还穷得很呢。这时南京国防部的大楼里是呢绒大桌、真皮沙发、咖啡香烟，他们也绝对想不到共产党会这样穷。

其实到这时共产党还从来没有富过，尤其是党中央最不富。当年中央红军走到陕北时只剩万数人马，一千元钱，人均一毛钱。毛泽东只好向红二十五军去借，徐海东也没有想到中央会这么困难，忙从全军七千五百元的积蓄中抽出五千元。毛泽东、周恩来留在陕北，晋察冀吃穿用都比陕北强。贺龙过河来看毛泽东，毛泽东的警卫员看着贺龙警卫员身上的枪直眼馋。贺龙也大吃一惊，他无论如何都想不到中央机关会这么苦，赶快对警卫员说："换一下。"共产党是穷惯了，党的最高层是穷惯了。不是他们爱穷，而是他们遵守一个原则：只要中国的老百姓还穷，党就耻于高过百姓；只要党还穷，第一线还穷，中央机关、党的领袖就绝不肯优于他们。这种生活的清贫、工作条件的清苦，清澈见底地表示着他们的一片心，这就是只有解放全人类，才能最后解放自己。

九百多年前，范仲淹就提出"先天下之忧而忧，后天下之乐而乐"的崇高理念，但真正实现了这一理念的只有共产党。毛泽东和他的参谋班子，就是在这间最简陋的指挥部里和蒋介石斗法的。这反倒生出一种神秘，就像武侠小说上写的，突然有一个貌不惊人的高手，随便抽出一把扇子或者一根旱烟管，就挑飞了对方手中的七星宝刀。作战室旁那个有一盘小石磨的小院子里，毛泽东在石磨旁抽烟、踱步，不分日夜地草拟电报。

据统计，三大战役时毛泽东亲手写了一百九十封电报，电报发出了，作战参谋们就在地图上用红毛线一圈一圈地去拴。先是拴住了沈阳，接着又套住了徐州、淮海，最后红毛线干脆套到了平津的脖子上，三大战役共歼敌一百五十四万。共产党的普通干部们在延安大生产时就学会了纺毛线，想不到这毛线今天派上了大用场。黄维在淮海战役中被俘，改造出狱后坚持要来西柏坡看一看，当他看到这间简陋的作战室时，感慨唏嘘，连呼："蒋先生当败！蒋先生当败！"蒋介石怎么能不败呢？共产党克己为民，其公心弥盖天下，已经盖住并熔化了敌人的营垒，连蒋介石派来的谈判代表邵力子、张治中都服而不归了。

一着武棋下完，再下一着文棋。1949年3月5日，党的七届二中全会在中央机关的一间大伙房里召开了。现在会议室里还保留着原来主席台上的样子。说是主席台，其实没有台，就是在伙房一头的墙上挂一面党旗，旗下摆一张长方桌，后面放一把旧藤椅，台两侧各有一张桌子是记录席。会场没有麦克风，更没有录音机。出席会议的共三十四名中央委员、十九名候补中央委员，毛泽东坐在长桌后面，其余的人都坐在台下。台下也没有固定的椅子，开会时个人就从自己的家里或办公室带个凳子。

会议开了八天，委员们仔细地讨论军事、政治、党务、政权接收等大事。轮到谁发言时就走到那张长桌旁面向大家站着讲话，讲完后又坐回到自己的凳子上。毛泽东亲自记录，不时插话。领袖与代表咫尺之近，寸许之间。其实这已是老习惯了，许多人都见过一张照片，毛泽东在延安窑洞前站着做报告，黄土地上摆一个小凳子，凳子上放一只大瓷缸子。大家在木凳前席地而坐，据说前排的人口渴了，就端起毛泽东的茶缸喝一口水。不仅是党内，就是领袖和人民群众也亲密无间。西柏坡坡下有水,有稻田,毛泽东是从小干惯了稻田活儿的,工作之余就挽起裤腿去和农民插秧。朱德一脸敦厚,在村头背着手散步,常被误认为是下地回来的老乡。任弼时全家睡的土炕上至今还放着一架纺车。

五位书记走过雪山草地,到过东洋西洋,统率千军万马,熟悉中国的经济,遍读经史子集和马恩列斯,有的还坐过国民党的大牢。他们知识渊如海,业绩高如山,却这样自然地融入革命队伍,做普通人。伟人者,其思想、作风、境界、业绩已经自然地达到了一个高度,如日升高,如木参天,如水溢岸,你想让它降都降不下来,他当然不会再另外摆什么样子。

1949年,中国共产党的五位书记、三十四名中央委员,就这样平平静静地坐在北方小山村的这间旧伙房里,决定着中国的命运,也决定着党在历史的转折关头该怎么办。住了二十年山沟,现在要进城了,党没有忘记存在决定意识这条哲学的基本原理,没有忘记党员在改造客观世界的同时,也要改造主观世界这个准则。

在这间简陋的会议室里,共产党通过了自己的"陋室铭"。毛泽东说,要警惕"糖衣炮弹""夺取全国胜利,这只是万里长征走完了第一步""务必使同志们继续地保持谦虚、谨慎、不骄、不躁的作风,务必使同志们继续地保持艰苦奋斗的作风"。本来会议开始时主席台上并排挂着马恩列斯毛的像,到闭幕时就不这样挂了。会议过程中渐渐形成了一个共识,并立下了六条规定:不以党的领导者名字为地名、街名、企业名,不祝寿,中国同志不与马恩列斯并列,少拍巴掌,少敬酒,不送礼。这真让人吃惊了,党的中央全会竟决定如此细小的事。战战兢兢,如履薄冰,其心之诚,其行之洁,天地可鉴。

当年袁世凯筹备登基，光龙袍上的两颗龙眼珠就值三十万大洋，而共产党为新中国奠基却只借用了一间旧伙房。我们常说像真理一样朴素，只要道理是真的，裹着这道理的形式是不需多讲究的。这话是用镀金的话筒说出来的，还是扯着嗓子喊出来的，关系并不大。

真理不需要过多的形式来打扮，不需要端着架子来公布，它只要客观真实，只要朴素。清皇室册封嫔妃是用金页写成，每页就用十六两黄金。可她们的名字有哪一个被后人记住了呢？红毛线、蓝毛线、二尺小桌、石头会场、小石磨、旧伙房，谁能想到在两个政权最后大决战的时刻，共产党就是祭起这些法宝，横扫江北，问鼎北平的！真是撒豆成兵，指木成阵，怎么打怎么顺了。其实那时使用什么都已无关紧要了，因为我们的心早已到了，任何一件普通东西上都附着我们的理想、信念和为人民服务的宗旨，心诚则灵，天下来归；传檄而定，望风披靡。而蒋介石政权人心已去，好比一株树，水分跑光了，叶子早已枯黄，不管谁来轻轻摇一下都会枝折叶落的。

当参观结束后，几乎每一个人都要到村口和五位书记合影。五位书记昂首向前，似将远行。到哪里去？当年在村口毛泽东说了一句风趣的话：我们进京赶考去，要考好，不要做李自成。周恩来说，要及格，不要被退回来。

1996年11月20日记于西柏坡
原载《人民日报》1997年1月23日

西柏坡赋

西柏坡乃冀中一普通山村。然其声沸海内,名传八方;瞻者益众,研者益广。天降大任,托国运于僻壤;小村何幸,成历史之拐点。

1948年春,中国北方大地正寒凝将消,阳气初升,国共两党还胜负未分。时毛泽东方战罢陕北,过黄河,进太行,一路西来;刘少奇正经略华北,闹土改,分田地,发动群众。五大书记自一年前在延安分手,重际会于此,设立中国革命之最后一个农村指挥部,将要夺取大城市,问鼎北平。

是时也,日寇甫败,蒋介石心气正盛,仍欲圆"剿匪"旧梦。于是设指挥部于南京,乃六朝古都,纸醉金迷之城。共产党则选定这个山沟,乃穷乡僻壤,无名无姓之村。当是时,势虽必胜,党却还穷。战事紧,参谋竟无标图之笔,而以红蓝毛线推盘演兵;文电急,领袖苦无办公之所,只就炕桌马灯草拟电文。借得民房一室三桌,是为情报、作战、资料三部;假小院石碾一盘,以供毛、周、朱选将、发令、点兵。虽军情火急,院门吱呀,不废房东荷锄归;

指挥若定，读罢战报，还听窗外磨面声。谈笑间，一战而取辽沈，二战而收淮海，三战而下平津。全国解放，大局已定。

当此乾坤逆转，将开国定都之时，中共高层却格外之冷静。一间大伙房里正在开党的中央全会。静悄悄，审时度势，析未来；言切切，防微杜渐，议党风。斯是陋室，无彩旗之张挂，无水茶之递送；甚而上无主席台之摆设，下无出席者之席尊。主持者唯有一把旧藤椅，代表席即老乡家的几十个小柴凳。通过的决议却是不祝寿、不敬酒、不命名。务必艰苦朴素，务必谦虚谨慎。其心之诚，直叫拒者降、望者归，大江南北，传檄而定；其风之严，令贪者收、贿者敛，军政上下，两袖清风。孟子言：先贤而后王；哲人曰：先忧而后乐。共产党人，未曾掌权，先受戒骄之洗礼；五位书记进京之前，相约不做李自成。

中国革命乃土地革命，政权之争实民心之争。仰观自陈胜、吴广至太平天国，起起灭灭，热血空洒黄土旧，悲歌唱罢王朝新。只有共产党，地契旧约照天烧，彻底解放工与农。党无己利，人无私心，决心走出人亡政息周期律；言也为民，行也为民，载舟覆舟如履薄冰。西柏坡，一块丰碑，一面铜镜，一声警钟；二中全会，两个务必，两个预言，再三提醒。自古成由艰辛败由奢，谦则受益满招损。正西风烈，柏松翠，坡草青，精神在，长久存。

原载《人民日报》2011年6月29日

一棵怀抱炸弹的老樟树

一棵茂盛的古树用它的枝丫轻轻地托着一颗未爆的炸弹①，就像一个老人拉住了一个到处乱跑、莽撞闯祸的孩子。炸弹有一个老式暖水瓶那么大，高高地悬在半空，它是从千米多高的天空飞落下来后被这棵树轻轻接住的，就这样在浓密的绿叶间探出头来，瞪大眼睛审视人世，已经整整八十年。眼前是江西瑞金叶坪村的一棵老樟树。

樟树在江西、福建一带是常见树种，家家门前都有种植。民间习俗，女儿出生就种一棵樟树，到出嫁时伐木制箱盛嫁妆，三五百年的老树随处可见。

这一棵却非同寻常。一是它老得出奇，树龄已有一千一百多年，往上推算一下该是北宋时期了。透过历史的烟尘，我脑子里立即闪过范仲淹的"庆历改革"和他的《岳阳楼记》，以及后来徽宗误国、岳飞抗金等一连串的故事。在这个世界上什么东西才有资格称古呢？山、河、城堡、老房子等都可以称古，但它们没有生命，要

---

① 编者注：现为仿制品。

找活着的东西唯有大树了。活人不能称古,兽不能,禽鱼不能,花草也不能,只有树能,动辄百千年,称之为古树。它用自己的年轮一圈一圈地记录着历史,与岁月俱长,与山川同在,却又常绿不衰,郁郁葱葱。一棵树就是一部站立着的历史,站在我面前的这棵古樟正在给我们静静地诉说历史。第二个不寻常处,是因为它和中国现代史上的一个伟人紧紧连在一起,这个人就是毛泽东。毛泽东也是一棵参天大树,他有八十三圈的年轮,1931年,当他生命的年轮进入到第三十八圈时在这里与这棵古樟相遇。

那时中国大地如一锅开水,又恰似一团乱麻,两千年的封建社会已走到了尽头。地主与农民的矛盾,剥削与被剥削的矛盾,土地分配不均的矛盾已经到了非有个说法不可的时候。这之前的两千多年中,从陈胜、吴广到洪秀全,已经闹过无数次的革命,但总是推翻皇帝者做皇帝,周而复始,不能彻底。这时出现了中国共产党,要领导农民来一次彻底的土地革命。共产党的中央设在上海,其行动又受命于远在莫斯科的共产国际,而那些洋顾问对中国农村和农民革命知之甚少,又盲目指挥,导致诸多失误。毛泽东便自己拉起一支队伍上了井冈山,要学绿林好汉的样子劫富济贫,又参照列宁的路子搞了个"湘赣边界工农兵苏维埃"政权。他在六个县方圆五百里的范围内坚持了两年,后又不幸失利。

1931年,毛泽东率队下山准备到福建重整旗鼓再图发展,当路过瑞金时,邓小平正在这里任县委书记,就建议他在此扎根。于是1931年11月7日苏俄十月革命胜利14周年这一天,在瑞金叶坪村的一个大祠堂里召开了全国代表大会,第一个全国性的红色政权中华苏维埃共和国临时中央政府宣告成立,毛泽东当选为中央执行委员会主席,从此就有了"毛主席"这个称呼。

毛泽东虽然是主席，但是也只能借住在一户农民家里。这是一座南方常见的木结构土坯二层小楼，狭窄、阴暗、潮湿。小楼与祠堂之间是一个广场，是红军操练、阅兵的地方。这实在是一处革命圣地，是比延安资格还要老的圣地。共产党第一次尝试建立的中央政府就五脏俱全，有军事、财政、司法、教育、外交等九部一局，都设在那个大祠堂里。毛泽东等几个中央领导同志则住在广场南头的小楼上，楼后就是这棵巨大的樟树。

一走近大树，我就为之一震，肃然起敬。因为它实在太粗、太高、太大，我们已不能用"拔地而起"之类的词来形容，它简直就是火山喷出的岩浆到达地面后突然凝固的一座石山，盘龙卧虎，遮天盖地。树干直径约四米，树身苔痕斑驳、黝黑铁青，树纹起伏奔腾如江河行地。树的一半曾遭雷劈，外皮炸裂，木质外露，如巨人向天狂呼疾喊，声若奔雷。而就在炸裂开的树身上又生出新的躯干，干又生枝，枝再长叶，一团绿云直向蓝天铺去。好一棵不朽的老树，就这样做着生命的轮回。因地势所限，树身沿东西方向略呈扁平，而墨绿的枝叶翻上天空后又如瀑布垂下，浓阴覆地，直将毛泽东住的后半座房子盖了个严实。

那天，毛泽东正在二楼看书，空中隐隐传来飞机的轰鸣。他并不在意，起身到窗前看了一眼，又回到桌前展纸濡毫准备写文章。突然一声凄厉的嘶鸣，飞机俯冲而下，铁翅几乎刮着屋顶，一颗炸弹从天而降。警卫员高喊"飞机"，冲上楼梯。毛泽东停笔抬头，看看窗外，半天没有什么动静，飞机已经远去，轰鸣声渐渐消失。这时房后已经乱作一团，早拥来了许多干部、群众。很明显，这架飞机是冲着临时中央政府，冲着毛泽东而来，只扔了一个炸弹就走了，但炸弹并没有爆炸。大家围着屋子到处寻找，地上没有，又仰头看天,突然有谁喊了一声:"在树上!"只见一颗光溜溜的炸弹垂直向下卡在树缝里。好悬!没有爆炸。

这时,毛泽东已经走下楼来。人们早已惊出一身冷汗,齐向主席问安,天佑神人,大难不死。毛泽东笑了笑说:"是天助人民,该我新生的苏维埃政权不亡。"

毛泽东戎马一生,不知几遇危难,但总能化险为夷。胡宗南进攻延安,炮声已响在窑畔上,毛泽东还是不走,他说要看看胡宗南的兵长什么样子。彭德怀没有办法,命令战士把他架出了窑洞。去西柏坡的途中,在城南庄又遇到一次空袭,他又不急,继续休息,是战士用被子卷起他抬进防空洞的。毛泽东的坚定、沉着,又有几分固执、浪漫,从不怕死。唯此才能成领袖,成伟人,成大事业,写得大文章。

历史的脚步已走过八十年,这棵老樟树依然伫立在那里,枝更密、叶更茂、干更壮。树皮上的青苔还是那样绿,满地的树荫还是那样浓。那颗未爆的炸弹还静静地挂在树上。现在这里早已被开发为旅游景点,人们都争着来到树下,仰望这定格在历史天空中的一瞬。古樟树像一个和蔼的老人正俯瞰大地,似有所言。一千年的岁月啊,它看过了改朝换代,看过了沧海桑田,看尽了滚滚红尘。远的不说,只从共产党闹革命开始它就站在这里看红军打仗,看中国第一个人民政府成立,看长征出发;又遥望北方,看延安抗日,看中华人民共和国成立。它的年轮里刻着一部党史,一部共和国的历史。它怀里一直轻轻地抱着那颗炸弹,这是一把现代版的"达摩克利斯之剑",天将降大任于是人也,必先试其定力,然后又戒其权力。它告诫我们,革命时要敢于牺牲,临危不乱;掌权后要忧心为政,如履薄冰。

原载《人民日报》2013年1月20日

第三章

怎样写出好文章

说文风

——《文风四谈》序

在中国历史上，凡社会变动都会伴随着文风的变化。这也好理解，文章、讲话、文艺作品都是表达思想的，形式要服从内容、表现内容。一个人在戏台上穿戏服，在球场上就穿运动服，服装随着动作内容变。正当党的十八大闭幕不久、十二届全国人大召开之际，各方面的工作都待一变，文风亦有一变。

文风从来不是一股单独的风。它的背后是党风、政风、官风、民风、商风及社会、时代之风。一个社会，经济在下，政治在上，文化则浸润其间，溢于言表。凡一种新风，无论正邪，必先起于政而发于文，然后回旋于各行各业各阶层民众之间，最后才现于文字、讲话、艺术及各种表演。如宋玉所说："风生于地，起于青萍之末。"所以，当我们惊呼社会上出现某种文风时，它早已跨山越水，穿堂入室，成了气候。"文风"这个词虽是中性的，但通常只要单独提出，多半是出了问题。所以党史上治理文风从来都是和治理党风、政风连在一起的。影响最大的是1942年的延安整风运动，"清算"和反对"党八股"。

　　远的不必说，中华人民共和国成立以来就有三次大的文风问题。一是1958年及之后两三年的浮夸之风，上面讲大话，"赶英超美""跑步进入共产主义"，报上登亩产几万斤，机关炼钢铁，公社办大学，文艺作品口号化。二是"文化大革命"的极左之风，全民处于个人迷信、政治癫狂的状态，报纸成了政治传单，文学作品"高、大、全"，舞台上只剩下样板戏。三就是我们现在面临的文风了，习近平同志概括为"长、空、假"，他说："当前，在一些党政机关文件、一些领导干部讲话、一些理论文章中，文风上存在的问题仍然很突出，主要表现为长、空、假。"

　　"五八之浮""'文化大革命'之'左'""现在之假"，这是我们六十多年来的"文风三痛"。正如恩格斯所说，人对自然的每一次破坏都要遭到报复。1958年的报复是饿肚子；"文化大革命"的报复是国家濒临崩溃；对"长、空、假"的报复是信任危机，离心倾向加重。所以党的十八大以来，党中央大力改进文风，当然也还有其他方面的工作作风。

　　文风，望文生义，一般可以理解为文字之风、文艺之风、文化之风，凡是经文字、语言、艺术等手段传播而成为一种时尚的，都可以算作文风。文风的范围可分为三大类：与政治、行政关系密切的文件、讲话、会议，以及政要人物的文章、著作；大众传媒中的文字和节目；出版或上演的文学艺术作品。由于文风与社会政治走向，特别是与主政者的好恶关系极大，所以文风的倾向最先反映在与施政相关的第一类文字中，再从第二类到第三类。

　　"长、空、假"问题中，"假"尤为关键。虚假之风历来是不良现象的典型表现，但与以往相比，现在的"假风"已深入骨髓，更加可怕。无论是1958年吹嘘经济方面的高产，还是"文化大革命"中歌颂"红太阳"，人们内心还有几分真诚，哪怕是在蒙蔽中的真诚。"文化大革命"中红卫兵真的可以随时为革命、为领袖献身。"文化大革命"后期曾发生"牛田洋"事件：一群军垦大学生和战士手挽手迎向海浪，相信下定决心就能争取胜利，当然全部葬身大海。这当然是一幕悲剧，但说明那时的人们还是有一点愚忠、愚昧的。现在没有人这么"傻"了，学会了伪装、弄假。如习近平同志所说："还有的干部认为讲大话、空话、套话、歌功颂德的话最保险，不会犯错误。""如果言行不一、表里不一，台上台下两个形象，圈内圈外两种表现，即使讲得天花乱坠，也不会有人相信你。"没有了"天真"，却假装真诚；没有了"迷信"，却假装服从，这才是最可怕的。

"长"和"空"是为"假"做掩护的。习近平同志说："假，就是夸大其词，言不由衷，虚与委蛇，文过饰非。不顾客观情况，刻意掩盖存在的问题，夸大其词，歌功颂德。堆砌辞藻，词语生涩，让人听不懂、看不懂。"为什么会出现开长会、讲长稿、发空文、争版面、抢镜头、急出书的情况？主要是在作秀，是装着在干活儿，要弄出点动静来，好显得有才、有政绩。已在位的树碑立传，未在位的借机要官；没有政绩的玩花架子遮假，没有真本事的靠秀才艺壮胆。把工作、干部、群众都绑架在他借公谋私的战车上。邓小平指出："我们开会，作报告，作决议，以及做任何工作，都为的是解决问题。"这些"长、空、假"的人心里从来就没有想过要解决问题，都是在为自己捞资本。工作为轻，我为重，工作都是假的，文风焉能不假？我们可以对比一下，虽然1958年人人头脑发热，"文化大革命"中全体个人迷信，但还很少有哪一个干部为了个人目的去出书、争版面、抢镜头、发长文。文风之堕落，于今为烈。

这种"长、空、假"怎么治呢？上有所好，下必甚焉，文风是末，官风是本。治文风要先治党风、政风，特别是官风。习近平同志指出："各级领导机关和领导干部要起带头作用。文风问题上下都有，但文风改不改，领导是关键。""要增强党性修养。坚持以德修身，努力成为高尚人格的模范。只有自己的境界高了，没有私心杂念，才能做到言行一致、表里如一，讲出的话、写出的文章人们才愿意听、愿意看。"

文风后面是政策，是制度。纵观历史，每当一种不好的文风得到治理时，社会也就前进一大步了，我们期待着。

2013年3月

说经典

什么是经典？常念为经，常说为典。经典就是经得起重复，常被人想起，不会忘记。

常言道"话说三遍淡如水"。一般的话多说几遍人就要烦。但经典的话人们一遍遍地说，一代代地说；经典的书，人们一遍遍地读，一代代地读。不但文字的经典是这样，就连音乐、绘画等一切艺术品都是这样。

一首好歌，人们会不厌其烦地唱；一首好曲子，人们会不厌其烦地听；一幅好字画挂在墙上，人们天天看也看不够。甚至像唐太宗那样，喜欢王羲之的字，一生看不够，临死又陪葬到棺材里。

许多人都在梦想自己的作品、事业成为经典，政治的、文学的、艺术的、工程的等，好让自己被历史记住，实现永恒。但这永恒之梦，总是让可怕的重复之手轻轻一拍就碎，它太轻、太薄，不耐用，甚至经不起念叨第二遍。倒是许多不经意之说、之作，无心插柳柳成荫，不经意间就成了经典。

说到"柳"，想起至今生长在河西走廊上的"左公柳"。一百多年前，左宗棠带着湘军平定叛乱，收复新疆。他一路边行军边栽柳，现在这些合抱之木成了历史的见证，成了活的经典，凡游人没有不去凭吊的。

统一战线、武装斗争、党的建设是中国革命的三大法宝，是中国共产党打天下的经典。1939年陕北公学的一批学生毕业要上前线，毛泽东说："姜子牙下昆仑山，元始天尊赠了他杏黄旗、四不像、打神鞭三样法宝。现在你们出发上前线，我也赠给你们三样法宝，这就是：统一战线、武装斗争、党的建设。"经典就这样产生了。

莎士比亚有许多话，简直就是大白话，比如："是生还是死，这是一个问题。"还有托尔斯泰《安娜·卡列尼娜》的开头："幸福的家庭都是相似的，不幸的家庭各有各的不幸。"这些话被人千百次地模仿。《兰亭序》也是在一次普通的文人聚会上，王羲之一挥而就的。当然，经典也有呕心沥血、积久而成的。像米开朗琪罗的壁画《末日的宣判》，一画就是八年。

不管是妙手偶成还是苦修所得，总之，它达到了那个水平，后人承认它，就常想起它、提起它、借用它。它如铜镜愈磨愈亮，要是一只纸糊的灯笼呢？用三五次就破了。

经典之所以为经典，原因有三：一是达到了空前绝后的高度；二是上升到了理性，有长远的指导意义；三是经得起重复。

经典不怕后人重复，但重复前人无法造就新的经典。

文化的发展总是一层一层积累而成的。在这个积累过程中要想有个性、能占一席之地，必得有新的创造。比如教师一遍一遍讲数理化常识，如果他只教书而不从事科研，一生也不会造就数学或物理科学方面的经典。因为只有像牛顿发现了万有引力，像伽利略发现了重力加速度，像爱因斯坦发现了相对论等，才算是科学发展史上的经典。马克思创立了无产阶级专政理论，毛泽东创立了农村包围城市理论，邓小平创立了中国特色社会主义理论等，这都是无产阶级革命和建设的经典。

经典需要创新，而不是先前理论的重复。唐诗、宋词、元曲，书法上的欧、颜、柳、赵，王羲之的行书、宋徽宗的瘦金书，都是中国文学艺术史上的经典。因为在这之前没有过，实现了"空前"，有里程碑的效果。我们回望历史就会看到这些高峰，它们是一个永远的参照点。

经典又是绝后的，你可以重复它、超越它，但不能复制它。

后人时时想起、品味、研究经典是为了吸收、借鉴它，以便创造自己新的经典。齐白石谈到别人学他的画时说："学我者生，像我者死。"因为每一个经典都有它那个时代、环境及创造者的个性烙印。哲学家讲，人的一生不能两次跨过同一条河流。比如我们现在写古诗词，无论如何也不会有李白、李商隐、李清照的神韵，岂止唐宋，就是郭小川、贺敬之也无法克隆。时势异也，条件不再。你只能创造你自己的高峰，唯其这种"绝后"性，才使它高标青史，成为永远的经典。

我们对经典的重复不只是表面的阅读，更是一次新的挖掘。

经典之所以总能让人重复、不忘，总要提起，是因为它对后人有启示和指导价值。"绣出鸳鸯凭君看，莫把金针度与人"，经典不只是一双锦绣鸳鸯，还是一根闪闪的金针。凡经典都超出了当时实践的范围而有了理性的意义，有观点、立场、方法、思想、哲理的内涵，唯理性才可以指导以后的实践。理性之树常绿。只有理性的东西才经得起一遍一遍地挖掘、印证，而它又总能在新的条件下释放出新的能量。如天然放射性铀矿一样，有释放不完的能量。

范仲淹说："先天下之忧而忧，后天下之乐而乐。"司马迁说："人固有一死，或重于泰山，或轻于鸿毛。"邓小平说："不管白猫黑猫，抓住老鼠就是好猫。"这都是永远的经典，早超出了当时的具体所指而有了哲理的永恒。就连达·芬奇的《蒙娜丽莎》的微笑，朱自清《背影》中父亲饱经风霜的背影，小提琴曲《梁祝》中爱的旋律，还有毕加索油画中的哲理，张旭狂草中的张力，也都远远超出自身的艺术价值而有了生命的启示。

总之，经典之所以经得起重复，是因为它丰富的内涵。人们每重复它一次都能从中挖掘出有用的东西，像一块糖，因为有甜味，人才会去嚼。同样，一篇文章、一幅画或一个理论，能经得起人反复咀嚼而味终不淡，这就是经典与平凡的区别。一块黄土，风一吹、雨一打就碎；而一颗钻石，岁月的打磨只能使它愈见光亮。

原载《京华时报》2005 年 5 月 10 日

文章三层美

散文是一种艺术，其美是有层次的。我认为可以分为三层。

第一个层次是描写的美。作者能将要说的事物客观地、清楚地写出来，摆在读者面前。要求如实，不走样，能显示事物本来的美。类似美术作品中的素描。

第二个层次是意境的美。作者在对某事物的描写，或某种思想的表达中能产生一种美的氛围、意境，将读者引到一个美的精神境界。这个境界是作者的主观境界，是别人无法替代创造的。类似美术作品中的写意。如果是素描作品，不同的画家画同一物可以很像。而写意画却不同，画家虽面对同一对象，画出的却大相径庭，从中可以看出画家在作品中加入了自己的思想、气质。这种美是以现实事物为核心衍射出的一种光环，又好像一块糖刚开始溶化，糖连同靠近它周围的水滴（无形的糖）一起构成一种甜味儿。如果说第一个层次是客观的美，第二个层次就是主观的心灵美。

第三个层次是哲理的美。作者在对客观事物做了描述，也抒发了自己的感情，并感染了读者后，又进一步升华到一种哲理思想上，并理出一种新理念，创造出一些警句哲言，将其"定格"下来。

第二个层次的艺术力量主要是在人们的胸怀中鼓荡，以情动人，使读者或悲或喜、激动不已。第三个层次的艺术魅力是一种冷静的思索，使读者在经过一番景的陶醉、情的激动之后，静思其中之理，并悟出宏观之道。而这种道理又是实实在在的客观存在，经你道破后人人承认。所以这一层次的美又返归客观的美，不过更高一层。与美术作品比，它是抽象的、象征的画。还与那块糖比，这时糖已全部化完，我们找不见它的原形，但甜味儿是客观存在着的。

第一个层次借助客观形象，其艺术力是暂时的，过目即忘；第二个层次袒露作者主观的心象，有个性，艺术力持久；第三个层次又回归客观真理，点破天机，使人们永久地折服。列简表如下：

第一层次　描写美　客观形象　直觉暂时
第二层次　意境美　主观形象　情感持久
第三层次　哲理美　客观抽象　思想永久

当然在一篇散文中要同时达到这三个层次是很难的，每篇文章可以主要追求一种美。比如魏学洢的《核舟记》就是一种典型的描写美。我认为古文中范仲淹的《岳阳楼记》是三个层次兼备的好文章：大量的绘声绘景，"衔远山，吞长江，浩浩汤汤"，这是描写的美；由景及情，"满目萧然，感极而悲""宠辱偕忘，把酒临风"，这是意境的美；最后将这所有的景和情的积蓄一起迸发出来，点破一条哲理，"先天下之忧而忧，后天下之乐而乐"，读者读至此处没有不点头的。而且这千古至理名言，一读之后永远不忘。正因为这篇文章在这三个层次上都有完美的体现，所以千百年来人们传诵不衰。

我在前期的写作中并没有悟出这个层次，而且这样划分和解释也未必能得到文艺理论家们的同意。但我在自己后来的创作实践中是按自己的理论来走路的，较能体现这个思想的是《马列公园赋》。

1988年5月

怎样区分低俗、通俗和高雅

一次谈文化，有人问什么是低俗、通俗和高雅？我一时语塞。如果凭感觉来回答，当然谁都知道，再往深说，有什么理论根据呢？我就赶快回来查书和旧日的读书笔记，于是有了一点新的梳理。

谈这个问题先得承认一个基本的事实：人是由动物变来的。

恩格斯在《自然辩证法》中说："而最后在这些脊椎动物中，又发展出这样一种脊椎动物，在它身上自然界达到了自我意识，这就是人。"于是，人就有了两面性：动物性与人性，物质性与精神性。一般来说，"俗"是指人的动物性、物质性的一面；"雅"是指人性、精神性的一面。

黑格尔在《美学》一书中将人与外部世界的关系分为三种。一是欲望关系，占有的欲望。如见美食就想吃，见好衣就要穿，一个猎人见了老虎就必定要捕杀它。欲望关系是以占有、牺牲对象为前提的。二是研究关系，只想弄清对象的真相、规律，并不想占有或牺牲它，这是科学的任务。如动物学家跟踪老虎，只是为了研究，绝不干涉老虎的行为。三是审美关系，只是欣赏，并不占有，也不想对它做更深研究。黑格尔称这为心灵的美感。它的特点是不把对象看作实用的个体，心中不起欲望，与其保持一定的距离，只生起一种愉悦的美感。如观众看演出，旅游者看山水。我们从欣赏角度看老虎，也只欣赏它的花纹、雄姿，而绝不会有捕杀的欲望或研究的耐心。

就是说人面对一物会有三念：占有的欲望、冷静的思考和愉悦的欣赏，就看你选择哪一种。第一种念头源于人的动物性、物质性，可称为"俗"；第三种念头体现人的精神存在，可称为"雅"。俗与雅之间还有一个过渡地带，这就是"通俗"。

人自身的两面性与对外的三种关系，使人在行为方面产生了六种精神需求，也可称为阅读需求，从低到高分别是：刺激、休闲、信息、知识、思想和审美的需求。大致说来，前两项刺激、休闲是满足物质需求的，可归于"俗"；后两项思想和审美是满足精神需求的，可归于"雅"。中间两项比较模糊，兼而有之。但最低、最高的两项，即刺激与审美的需求却是很典型的。刺激就是勾起人的欲望，满足人的动物性，是最低的一档。这是一切黄色、凶杀、打斗、赌毒类低俗作品的心理基础和市场基础。过去我在新闻出版署工作，人们常问，扫黄、扫黄，为什么总是扫不完呢？它不可能扫完。只要人动物性的一面还存在，人与外界的欲望关系还在，它就要寻求刺激、发泄与满足。我们只能把它控制在最低限度：不公开传播，不以营利为目的，不危害青少年。

相反，这六种需求的最高一档，即审美需求则是来满足精神的心灵的需要，常表现为纯艺术。其代表如已被历史洗练、陶冶过的唐诗、宋词、古典音乐、名画及一切经典作品，它没有任何物欲的刺激，全在净化心灵，这无疑是最高雅的。但是人们食人间烟火，正常的欲望还是要的，还得有作品去满足他们的休闲需求、信息需求、知识需求等，这里有物质的也有精神的，这就是"通俗"。通俗的标准是不刺激人的欲望心理，但又不脱离人的物质的现实。所以纯艺术、纯思辨性的作品不在通俗之列，它归于高雅；此外，纯刺激性的作品也不在通俗之列，它归于低俗，或名粗俗、庸俗。

上面我们从接受角度，即人接受作品时的"两面性、三种关系、六点需求"，谈了低俗、通俗和高雅的存在基础，这样我们就知道社会上为什么会有三类截然不同的作品，古今中外，概莫能外。低俗的作品是从人的物质欲望出发，刺激并满足人的贪占、享用要求；高雅的作品是从愉悦人的精神出发，满足人的审美要求。低俗的作品让人回归动物的、物质的一面；高雅的作品让人升华精神的、道德的一面。

通俗则是低俗与高雅间的过渡地带。我们一般说的通俗是有方向性的，它是指从高到低的过渡。就是说作品内在的思想、艺术（审美）水准已经很高，只是因为要照顾到接受者的接受能力，兼顾到他的需求（通常叫大众需求），而采用了他能接受的方式。

注意，这里的要害是"高起低落"，是从高雅的标准出发落实到一个通俗的效果，从而避免了低俗。如果反过来从低俗的标准出发，就会滑落得更低，而永远不可能达到通俗的效果。就像委派一个大学文化程度的教师去教小学，可以把小学生培养成人才；而委派一个小学文化程度的教师去教中学，则只能把人才教成废才。真正的好作品都是高起低落、深入浅出，专家学者看了不觉为浅，工人、农民读来不觉为深，这就是通俗。这方面的例子，文艺作品如中国的四部古典名著，现代作家老舍、赵树理的作品；哲学著作如艾思奇的《大众哲学》。

原载《人民日报》2010年8月19日

提倡写大事、大情、大理

近年编书之风日甚，一编者送来一套文选，皇皇三百万言，分作家卷、学者卷、艺术家卷，共八大本。我问："何不有政治家卷？"问罢，我不由自主地回望书架，只见各种散文集探头伸脖、挤挤挨挨地立于架上，其分集命名有山水、咏物、品酒、赏花、四季、旅游，只一个"情"字便又分出爱情、友情、亲情、乡情、师生情等，恨不能把七情六欲、一天二十四小时、天下三百六十景都掰开揉碎，一个颗粒名为一集。

"选家"既是一种职业，当然要尽量开出最多最全的名目，标新立异，务求不漏，这也是一种尽职。但是，既然这样全，以人而分，歌者、舞者、学者、画者都可立卷；以题材而分，饮酒赏月，卿卿我我，都可成书，而政治大家之作，惊天动地之事，评人说史之论，反倒见弃，岂不怪哉？如果把文学艺术看作政治的奴仆，每篇文章都要在政治层面上纲上线，文学必须为政治服务，当然不对。过去也的确这样做过。但是如果文学刻意远离政治，将政治题材排除在写作之外，甚至敬而远之、鄙而远之，也是不妥的。

政治者，天下大事也。大题材、深思想在作品中见少，必定导致文学的衰落。什么事能激励最大多数的人？只有当时当地最大之事，只有千万人利益共存同在之事，众目所瞩，万念归一，其事成而社会民族喜，其事败而社会民族悲。近百年来，诸如抗日战争胜利、中华人民共和国成立、"四人帮"覆灭、党的十一届三中全会、改革开放、中国确立社会主义市场经济体制、香港回归等，都是社会大事，都是政治，无一不牵动人心、激动人心。

夫人心之动，一则因利，二则因情。利之所在，情必所钟。于一人私利私情之外，更有国家民族的大利大情，即国家利益、民族感情。只有政治大事才能触发一个国家民族所共有的大利大情。君不见延安庆祝抗战胜利的火炬游行，1949年中华人民共和国成立庆典上的万众欢声雷动，1976年天安门广场上怒斥"四人帮"的黑纱白花和汪洋诗海，香港回归全球所有华人的普天同庆，这都是共同利益使然。

一事所共，一理同心，万民之情自然地爆发与流露。文学家、艺术家常幻想自己的作品洛阳纸贵，万人空巷，但即便是一万部最激动人心的作品加起来，也不如一件涉及国家、民族利益的政治事件牵动人心。作家、艺术家既求作品的轰动效应，那么最省事的办法，就是找一个好的依托，好的坯子，亦即好的题材，借势发力，再赋予文学艺术的魅力，从大事中写人、写情、写思想，升华到美学价值上来，是为真文学、大文学。好风凭借力，登高声自远，何乐而不为呢？

文学和政治，谁也代替不了谁，它们有各自的规律。从思想上讲，政治引导文学；从题材上讲，文学包括政治。政治为文学之骨、之神，可使作品更坚、更挺，光彩照人，卓立于文章之林；文学为政治之形、之容，可使政治更美丽、更可亲可信。它们是相辅相成的，不能绝对分开。

但是，目前政治题材和有政治思想深度的作品较少。其原因有二。

一是作家对政治的偏见和疏远。由于我们曾有过一段时间搞空头政治，又由于这空头政治违背了文学艺术的规律，影响了创作的繁荣。更有作家曾在政治运动中身心遭受创伤，于是就得出一个错误的结论：政治与文学是对立的，转而从事远离政治的"纯文学"。

确实文学离开政治也能生存，因为文学有自身的规律，有自身存在的美学价值。正如绿叶没有红花，也照样可以为其叶。许多没有政治内容或政治内容很少的山水诗文、人情人性的诗文不是存在下来了吗？有的还成为名作经典，如古代的《洛神赋》《赤壁赋》《滕王阁序》，近代如朱自清的《背影》《荷塘月色》等。但由此并不能得出另一极端的结论：文学排斥政治。既然山水闲情都可入文，生活小事也可入文，政治大事、万民关注的事为什么不可以入文呢？无花之叶为叶，有花之叶岂不更美？

作家对政治的远离是因为政治曾有过对文学的干扰，如果相得益彰、互相尊重呢？不就是如虎添翼、锦上添花、珠联璧合了吗？我们曾经历过"文化大革命"时期什么都讲阶级斗争的"革命文艺"，弄得文学索然无味。但是，如果作品中只是花草闲情，难见大情、大理，也同样会平淡无味。如杜甫所言"或看翡翠兰苕上，未掣鲸鱼碧海中"。事实上，每一个百姓从来都没有离开过政治，作家也一天没有离开过政治。上述谈到的近百年内的几件大事，凡我们年龄所及赶上了的，哪个人没有积极参与，没有报以非常之关切呢？应该说，我们现在政治的民主空气比前几十年是大大进步了。

我们应该从余悸和偏见（主要是偏见）中走出来，重新调整一下文学和政治的关系。

二是作家把握政治与文学间的转换功夫尚差。政治固然是激动人心的，开会时激动，游行庆祝时激动，但是照搬到文学上，常常要煞风景，如鲁迅所批评的口号式诗歌。正像科普作家要把握科学逻辑思维与文学形象思维间的转换一样，作家只有把握政治思想与文学审美间的转换，才会达到内容与艺术的统一。

这确实是一道难题。它要求作家一要有政治阅历，二要有思想深度，三要有文学技巧。对作家来说首先是不应回避政治题材，要有从政治上看问题的高度。这种政治题材的文章可由政治家来写，也可由作家来写，正如科普作品可由科学家来写，也可由作家来写。中国文学有一个好传统，特别是散文，常保存有最重要的政治内容。中国古代的官吏先读书后为仕，先为仕后为官。他们要先过文章写作关。因此一旦为政，阅历激荡于胸，思想酝酿于心，便常发而为好文，是为政治家之文。如古代的《过秦论》《岳阳楼记》《出师表》，近代林觉民的《与妻书》、梁启超的《少年中国说》，现代毛泽东的《为人民服务》《纪念白求恩》《别了，司徒雷登》等许多文章，还有陶铸的《松树的风格》。

我们不能要求现在所有的为官为政者都能写一手好文章，但是也不是我们所有的官员就没有一个人能写出好文章。至少我们在创作导向上要提倡写大事、大情、大理，写一点有磅礴正气、党心民情、时代旋律的黄钟大吕式的文章。要注意发现一批这样的作者，选一些这类文章，出点选本。

我们不少的业余作者，不涉足文学也罢，一旦涉足文学，却常回避政治，回避大事、大情、大理，而追小情、小景，求琐细，求惆怅，求朦胧。已故老作家冯牧先生曾批评说，便是换一块尿布也能写它三千字。对一般作家来说，他们深谙文学规律、文学技巧，但是时势所限，环境责任所限，常缺少政治阅历，缺少经大事、临大难的生活，亦乏有国运系心、重责在身的煎熬之感。技有余而情不足，所以大文章就属凤毛麟角了。但历史、文学史，就是这样残酷，十年之后，二十年之后，留下的只有凤毛麟角，余者大都要淹到尘埃里去。

我们现在所处的时期叫新时期，是改革开放和社会主义现代化建设新时期。毛泽东领导中国共产党建立人民政权，实现翻天覆地的巨变，为中国有史以来之未有，建立了中华人民共和国。邓小平开创了有中国特色的社会主义，开启了新时期。中华人民共和国成立之初，曾有过一大批好作品问世，至今为人乐道。新时期又该再有一轮新作品问世。凡历史变革时期，不但有大政大业，也必有大文章、好文章。恩格斯论文艺复兴，说这是一个需要巨人而且产生了巨人的时代。

我们期盼着新人，期盼着好文章、大文章。中国共产党和中国人民过去的革命斗争及现在改革开放的业绩不但要流传千古，还应转化为文学艺术，让这体现了时代精神的艺术也流传千古。

原载《人民日报》1998年7月11日

文章五诀

一篇文章怎样才好看呢？先抛开内容不说，手法必须有变化。最常用的手法有描写、叙事、抒情、说理等。如就单项技巧而言，描写不显单调，叙事不显拖沓，抒情不显做作，说理不显枯燥，文章就算做好了。但更多时候是这些手法的综合使用，如叙中有情、情中有理、理中有形、形中有情等。

所以，文章之法就是杂糅之法、出奇之法、反差映衬之法、反串互换之法。文者，纹也，花纹交错才成文章。古人云：文无定法，如行云流水。这是取行云流水总在交错、运动、变化之意。文章内容空洞，言之无物，没有人看；形式死板，没有变化，也没有人看。

变化再多，基本的东西只有几样，概括说来就是，形、事、情、理、典五个要素，我们可以称之为"文章五诀"。其中，形、事、情、理正好是文章中不可少的景物、事件、情感、道理四个内容，又是描写、叙述、抒发、议论四个写作手法。四字中"形""事"为实，"情""理"为虚，"典"则是作者知识积累的综合运用。就是我们平常与人交流，也总得能向人说清一个景物，说明白一件事，或者说出一种情感、一个道理。所以这四个字是离不开的，因实用功能不同，常常是一种文体以某一种手法为主。比如，说明文主要用"形"字诀，叙述文（新闻亦在此列）主要用"事"字诀，抒情文主要用"情"字诀，论说文主要用"理"字诀。

虽然一根单弦也可以弹出一首乐曲，只跑或跳也可以组织一场体育比赛，但毕竟内容丰富、好听好看的还是多种乐器的交响和各种项目都有的运动会。所以无论哪种文体，单靠一种手法就想动人，实在很难。一般只有"五诀"并用才能做成五彩斑斓的锦绣文章。试用这个公式来检验一下名家名文，无不灵验。

虽然范仲淹的《岳阳楼记》是一篇"记"，但除开篇用一两句小叙滕子京谪守修楼之事，其余，"巴陵胜状""淫雨霏霏""春和景明"都是写形，"感极而悲""其喜洋洋"是抒情，最后推出一句震彻千年的大理："先天下之忧而忧，后天下之乐而乐。"形、事、情、理四诀都已用到，文章生动而有深意，早已超出记叙的范围。

梁启超的《少年中国说》是一篇讲国家图强的议论文，却以形说理，一连用了"老年人如夕照，少年人如朝阳。老年人如瘠牛，少年人如乳虎。老年人如僧，少年人如侠。老年人如字典，少年人如戏文"等九组十八个形象，大大强化了文章的说理性，使人过目不忘。

在毛泽东的《为人民服务》中，张思德牺牲，是事；沉痛哀悼，是情；为人民服务，是理；引司马迁的话"人固有一死，或重于泰山，或轻于鸿毛"，是典。特别是借典说理，沉稳雄健，是这篇文章的一个重要支点。

有人说马克思的文章难懂，但是你看他在剖析劳动力被作为商品买卖的本质时，何等地生动透彻："原来的货币占有者作为资本家，昂首前行；劳动力占有者作为他的工人，尾随于后。一个笑容满面，雄心勃勃；一个战战兢兢，畏缩不前，像在市场上出卖了自己的皮一样，只有一个前途——让人家来鞣。"在这里，"形"字诀的运用，已不是一个单形，而是组合形了。可知，好文章是很少单用一诀一法，唱独角戏、奏独弦琴的。我们平常总感觉到一些名篇名文魅力无穷，原因之一便是它们都暗合了"文章五诀"。

常有人抱怨现在好看的文章不多，原因之一就是只会用单一法。比如，论说文当然是以理为主，但不少文章仅止于说理，而且大多是车轱辘话，成了空洞说教。十八般兵器你勉强会使用一种，对阵时怎能不捉襟见肘，气喘吁吁。不要说你想"俘获"读者，读者轻轻吹一口气，就把你的小稿吹到纸篓里去了。前面说过，形、事为实，情、理为虚，"五诀"的运用特别要讲究虚实互借。这样，纪实文才可免其浅，说理文才可避其僵。比如钱锺书的《围城》中有这样一句话："（男女）两个人在一起，人家就要造谣言，正如两根树枝相接近，蜘蛛就要挂网。"这是借有形之物来说无形之理，比单纯说教自然要生动许多。

"文章五诀"说来简单，但它是基于平时对形、事、情、理的观察提炼和对知识典籍的积累运用。如太极拳的掤捋挤按、京剧的唱念做打，全在临场发挥，综合运用。高手运笔腾挪自如，奇招迭出，文章也就忽如霹雳闪电，忽如桃花流水。

原载《人民日报》2003年1月10日

美文是怎样写成的

毛泽东在《讲堂录》中说:"在中国历史上,不乏建功立业之人,也不乏以思想品行影响后世的人,前者如诸葛亮、范仲淹,后者如孔、孟等人。但二者兼有,即'办事兼传教'之人,历史上只有两位,即宋代的范仲淹和清代的曾国藩。"范仲淹正当北宋封建社会的成熟期,他"办事兼传教",是一个典型的封建官员知识分子。而他留给我们的政治财富和文化思考全部浓缩在一篇只有三百六十八字的短文中,这就是传诵千古的《岳阳楼记》。

中国古代留下的文章不知有多少。如果让我在古今文章中选一篇最好的,只需忍痛选一篇,那就是范仲淹的《岳阳楼记》。千百年来,中国知识界流传一句话:不读《出师表》,不知何为忠;不读《陈情表》,不知何为孝。忠孝无疑是封建时代的道德标准。然而,随着历史的车轮驶入现代社会,"两表"的影响力逐渐减弱,尤其是《陈情表》,如今已鲜为人知。但有一个奇怪的现象,同样产生于封建时代的《岳阳楼记》却丝毫没有因历史的变迁而被冷落或淘汰。相反,它如一棵千年古槐,历经岁月的沧桑,愈显旺盛的生命力。

北宋之后，论朝代，已经历南宋、元、明、清、民国及中华人民共和国六代的更迭；论社会形态，也经历封建社会、半殖民地半封建社会、社会主义社会的冲击。但《岳阳楼记》能够穿云破雾，历久弥新。呜呼，以一文之力能抗六代之易、三世之变，靠什么？靠的是它的思想含量：人格思想、政治思想和艺术思想。它以传统的文字，表达了一种跨越时空的思想，上下千年，唯此一文。

《岳阳楼记》已经成为一份独特的历史遗产，其中有无尽的文化思考和政治财富。从《古文观止》到中华人民共和国成立后历届的中学课本，常选不衰；从政界要人、学者教授到中小学生，无人不读、不背，这说明它仍有现实意义。归纳起来有三条：一是教我们怎样做人，二是教我们怎样做官，三是教我们怎样写文章。

一、我们该怎样做人——独立、理性、牺牲的人格之美

人们都熟知范仲淹在《岳阳楼记》里的名言"先天下之忧而忧，后天下之乐而乐"，却常忽略了文中的另一句话"不以物喜，不以己悲"。前者是讲政治，怎样为政、为官；后者是讲人格，怎样做人；前者是讲政治观，后者是讲人生观。正因为讲出了人生和政治的基本道理，这篇文章才达到了不朽。其实，一个政治家政治行为的背后都有人格精神在支撑，而且其人格的力量会更长久地作用于后人，存在于历史。

"不以物喜，不以己悲"中，物，指外部世界，不为利动；己，指内心世界，不为私惑。就是说：有信仰、有目标，有精神追求，有道德操守。结合范仲淹的人生实践，可从三个方面来解读他的人格思想。

1. 独立精神——无奴气，有志气

范仲淹有两句诗最能说明他的独立人格："心焉介如石，可裂不可夺。"范仲淹于端拱二年（989年）生于徐州，出生第二年父亲去世，29岁的母亲贫无所依，抱着襁褓中的他改嫁朱家，来到山东淄州（今山东省淄博市淄川区）。他也改姓朱，名朱说。他少年时在附近的庙里借宿读书，每晚煮粥一小锅，次日用刀划为四块，早晚各取两块，拌一点咸韭菜为食。这就是成语"断齑划粥"的来历。这样苦读三年，直到附近的书都已被他搜读得再无可读。但他的两个异父兄长却不好好读书，花钱如流水。一次他稍劝几句，对方反唇相讥："连你花的钱都是我们朱家的，有什么资格说话。"他才知道自己的身世，心灵大受刺激。真是未出家门便感知世态之炎凉。他发誓期以十年，恢复范姓，自立门户。

大中祥符四年（1011年），23岁的范仲淹开始外出游学，来到当时一所大书院应天书院（位于今河南省商丘市），昼夜苦读。一次真宗皇帝巡幸这里，同学们都争先出去观瞻圣容，他却仍闭门读书，别人怪之，他说："日后再见，也不晚！"可知其志之大，其心之静。有富家子弟送他美食，他竟一口不吃，任其发霉。人家怪罪，他谢曰："我已安于喝粥的清苦，一旦吃了美味怕日后再吃不得苦。"真是天降大任于是人，自觉自愿苦其心志，劳其筋骨。他在大中祥符八年（1015年）中进士，在殿试时终于见到了真宗皇帝，并赴御宴。不久他被调去安徽广德做官，后又转任亳州节度推官，在这期间，他把母亲接来赡养，并正式恢复范姓。这时离他发愤复姓只用了五年。

范仲淹中了进士后被任命的第一个地方官职是到安徽广德任"司理参军"，就是审理案件的助理。当时地方官普遍贪赃爱财，人为制造冤案。他廉洁守身，秉公办案，常与上司发生争论，任其怎样以势压人，也不屈服。每结一案，就把争论内容记在屏风上，可见其性格的耿直。一年后离任时，屏风上已写满案情，这就是"屏风记案"的故事。他两袖清风，走时无路费，只好把老马卖掉。对历史上有骨气的人，范仲淹非常敬重。1037年，范仲淹第三次被贬赴润州（今江苏省镇江市）任上时，途中经彭泽拜谒唐代名相狄仁杰的祠堂。狄仁杰刚正不阿，不畏武则天的权势被陷入狱，又被贬为县令。范仲淹当即为其写一碑文，歌颂他：

"呜呼！武暴如火，李寒如灰，何心不随，何力可回！我公哀伤，拯天之亡；逆长风而孤骞，溯大川而独航。金可革，公不可革，孰为乎刚？地可动，公不可动，孰为乎方？"文字掷地有声。而当时范仲淹也正冒着朝中的"暴火寒灰"，独行在被贬的路上。而他所描写的刚不可摧、方不可变，也正是自己的形象。

2. 理性精神——实事求是，按原则办事

范仲淹的独立精神绝不是桀骜不驯的自我标榜和逞一时之快的匹夫之勇。他是按自己的信仰办事，是知识分子的那种理性的勇敢。在我写瞿秋白的《觅渡》一文中曾谈到，这是一种像铁轨延伸一样的坚定精神。

亚里士多德说："吾爱吾师，吾更爱真理。"范仲淹是晏殊推荐入朝为官的。他一入朝就上奏章给朝廷提意见。这吓坏了推荐人晏殊，说，你刚入朝就这样轻狂，就不怕连累到我这个举荐人吗？范仲淹听后半晌没有反应过来，一会儿难受地说："我一入朝就总想着奉公直言，千万不敢辜负您的举荐，没想到尽忠尽职反而会得罪于您。"回到家他又给晏殊写了一封三千字的长信说："当公之知，惟

惧忠不如金石之坚，直不如药石之良，才不为天下之奇，名不及泰山之高，未足副大贤人之清举。今乃一变为忧，能不自疑而惊呼！且当公之知，为公之悔，倪默默不辨，则恐缙绅先生诮公之失举也。"晏殊是他的恩师，入朝的引路人。这件事充分体现了范仲淹爱吾师更爱真理的品格。

宋仁宗时，西北强敌西夏不断侵扰，他被任为前线副帅抗敌。当时朝野上下出于报仇心理和抗战激情，都高喊出兵。主帅命令出兵，皇上不断催问，左右不停地劝说。但他认为备战还不成熟，坚持不出兵。主帅韩琦说："大凡用兵，先得置胜负于度外。"他说："大军一动就是千万人的性命，怎敢置之度外？"朝廷严词催促出兵，他反复申诉，自知"不从众议则得罪必速""奈何成败安危之机，国家大事，岂敢避罪于其间"。结果，上面不听他的意见，1041年好水川一战，宋军损失六千人。此后宋军再不敢盲动，最终按范仲淹的策略取得了胜利。这种独立思考的理性精神到九百多年后类似一例就是，在淮海战役前，中央三下命令要粟裕率师渡江，他三次斗胆向中央和毛泽东上书，建议将国民党主力消灭在长江以北，终于为毛泽东所接受。①

在人性中，独立和奴气是基本的两大分野。一般来讲，人格上有独立精神的人，在政治上就不大容易被收买。我们不要小看人格

---

① 1948年1月，中央决定分10万兵南渡长江，由粟裕统率。1月12日，粟裕致电中央，表示过江后无后方，不利。建议不过江，在中原打大仗。1月27日，中央再令粟裕最迟5月渡江。1月31日，粟裕以2000字长电二次致电中央，建议三个野战军联合在中原打大仗，将敌主力消灭在江北。2月1日，中央再电令粟裕3月渡江，后又令5月渡江。4月18日，粟裕面见陈毅，重申己见。应中央指示要求，4月29日，他和陈毅抵达中央驻地城南庄，直接向五大书记汇报意见，商量行动问题。中共中央书记处于4月30日至5月7日召开扩大会议，讨论后决定采纳粟裕的建议。

的独立。就整个社会来讲，这种道德的进步经历了一个漫长的过程。奴隶制度造成人的奴性，封建制度下虽有"士可杀不可辱"的说法，但还是强调等级、服从。进入资产阶级民主社会，才响亮地提出平等、自由。人性的独立才作为一种普遍的社会标准和道德意识。

现在许多人也在变法儿媚上，对照现实我们更感到范仲淹在一千年前坚持的独立精神的可贵。正是这一点，促成了他在政治上能经得起风浪。做人就应该"宠而不惊，弃而不伤，丈夫立世，独对八荒"。鲁迅就曾痛斥中国人的奴性。一个人先得骨头硬，才能成事，如果总是看别人的脸色，除了当奴才，还能干什么？纵观范仲淹一生为官，无论在朝、在野、打仗、理政，从不人云亦云，就是对上级，对皇帝，他也实事求是，敢于坚持。这里固然有负责精神，但不改信仰、按规律办事，却是他的为人标准。

"不以物喜，不以己悲"，就是不随波逐流。那么以什么为立身根本呢？以实际情况，以国家利益为根本。用现在的话说就是实事求是，无私奉献。陈云说："不唯上，不唯书，只唯实。"人能超然物外，克服私心，就是一个大写的人，就是君子，不是小人。可惜，几千年来人性虽已大有进步，社会仍然没有能摆脱这种公与私的羁绊。这个问题恐怕要到共产主义社会才能解决。你看我们的周围，有多少光明磊落，又有多少虚伪龌龊。

凡成大事者，首先在人格上要能独立思考，理性处世，敢于牺牲。而那些人格上不独立的人，政治上必然得软骨病，一入官场，就阿谀奉承，明哲保身，甚而阳奉阴违，贪赃枉法，卖身投靠，紧要关头投敌叛变。我在官场几十年，目之所及，已数不清有多少事例，让你落泪，又让你失望。有的官员，专研究上司所好，媚态献尽，唯命是从。上发一言，必弯腰尽十倍之诚，而不惜耗部下百倍之力，费公家千倍之财，以博领导一喜。这种对上为奴、对下为虎的劣根人格实在可悲。我每次读《岳阳楼记》就会立即联想到周围的现实。"不以物喜，不以己悲"，这种对独立的人格追求，仍然是我们现在所需要的。

3. 牺牲精神——为官不滑，为人不私

"不以己悲"就是抛却个人利益，敢于牺牲，不患得患失。处理公与私的关系，是衡量一个人道德水平的重要方面。我们熟悉的林则徐的两句诗"苟利国家生死以，岂因祸福避趋之"讲的就是这个道理。范仲淹一生为官不滑，为人不奸。他的道德标准是只要为国家，为百姓，为正义，都可牺牲自己。下面兹举两例。

1038年，宋西北的夏建国，元昊称帝。宋夏战事不断。边防主帅范雍无能，1040年，仁宗不得不重组一线指挥机构，任命范仲淹为陕西经略招讨副使（副总指挥）赶赴前线，这年他已52岁，这之前他从未带过兵。范仲淹一路兼程，赶到延州（今陕西省延安市）。延州才经兵火，前面三十六寨都被荡平，孤悬于敌阵前。朝廷曾先后任命数人都畏敌而找借口不到任。范仲淹说，形势危急，延州不能无守，就挺身而出，自请兼知延州。

范仲淹虽是一介书生，但文韬武略，胆识过人。他见敌势坐大，又以骑兵见长，便取守势，并加紧部队的整肃改编，提拔了一批战将，在当地边民中招募了一批新兵。庆历二年（1042年），范仲淹密令19岁的长子纯祐偷袭西夏，夺回战略要地"马铺寨"。他引大军带筑城工具随后跟进。部队一接近对方营地，他便下令就地筑城，十天，一座新城平地而起。这就是后来发挥了重要战略作用

的像一个楔子一样打入夏界的孤城——大顺城。城与附近的寨堡相呼应，西夏再也撼不动宋界。夏军中传说着，现在带兵的这个范小老子（西夏人称官为老子）胸中自有数万甲兵，不像原先那个范大老子（指前任范雍）好对付。西夏见无机可乘，随即开始议和。范仲淹以一书生领兵获胜，除其智慧，最主要的是他具有为国牺牲的精神。

范仲淹与滕宗谅（字子京）的关系，是他为国惜才、为朋友牺牲的例证。滕宗谅与范仲淹是同年的进士，也是一个热血报国的忠臣。西北战事吃紧时滕宗谅也在边防效力，知泾州。当时正定川一役大败之后，形势危急。滕宗谅招兵买马，犒赏将士，重整旗鼓。范仲淹又让他兼知庆州，亦治理得井井有条。但正因为他干事太多，就总被人挑毛病，有人告他挪用公款十五万贯。仁宗大怒，要查办。但很快查明，这十五万贯钱，犒赏用了三千贯，其他皆用于军饷。而这三千贯的使用也没有超出地方官的职权范围，但是朝中的守旧派咬住不放，乘机大做文章，宰相等也默不作声。

范仲淹这时已回京，他激愤地说，朝廷看不到边防将士的辛苦和功劳，却任由一些人在这些小问题上捕风捉影、肆意陷害，这必让将士寒心，边防不稳。他力保滕宗谅无大过，如有事甘愿同受处分。这样滕宗谅才没有被撤职，而在庆历四年（1044年）被贬到了岳阳，才有后来《岳阳楼记》这一段佳话。如果没有当年范仲淹对滕宗谅的冒死一保，政治史和文学史都将缺少精彩的一笔。可知范仲淹后来为他写《岳阳楼记》，本身就是一种对朋友、对正义事业的支持，而这是要冒风险、付代价的。他在文章中叹道："微斯人，吾谁与归？"他愿意和志同道合的战友一起去为事业牺牲。

任何革命的、进步的团体和事业，都是以肝胆相照的人格精神为基础凝聚力量、团结队伍的。不要奸猾，只要忠诚。"文化大革命"中"四人帮"制造了"六十一人叛徒集团"，诬刘少奇为内奸、叛徒。周恩来于1966年11月22日致信毛泽东："当时确为少奇同志代表中央所决定，七大、八大又均已审查过，故中央必须承认知道此事。"红卫兵要揪斗陈毅，周恩来苦苦说服无效，最后震怒道：我就站在大会堂门口，看你们从我身上踩过去！

二、我们该怎样做官——忧民、忧君、忧政的为官之道

范仲淹对政治文明的贡献，主要体现在一个"忧"字上。《岳阳楼记》产生于我国封建社会成熟期之宋代，作者生于忧患，成于忧患，倾其一生和一个时代来解读这个"忧"字。好像是中国封建社会发展到转折时期，专门要找一个这样的解读人。范仲淹的忧国思想主要表现为忧民、忧君、忧政。也可以说，这是他留给我们的政治财富，更是每一个政治家要面对的问题。

1. 忧民

他在文章中写道"居庙堂之高，则忧其民"，就是说当官千万不要忘了百姓，官位越高，越要注意这一点。

政治就是管理，就是民心。官和民的关系是政治运作中最基本的内容。忧民生的本质是官员的公心、服务心，是怎样处理个人与群众的关系。人民永远是第一位的，任何政权都是靠人民来支撑的。一些进步的封建政治家也看到了这一点，强调"民为邦本"，唐太宗甚至说"水可载舟，亦可覆舟"。范仲淹继承了这一思想并努力在实践中贯彻。他认为君要"爱民""养民"，就像调养自己的身体，要

十分小心，要轻徭役、重农耕。特别是地方官，如果压榨百姓，就是自毁邦本。

范仲淹从1015年27岁中进士到1028年40岁进京任职前，已在基层为官十三年。这期间，他先后转任广德（今安徽省广德市）、亳州（今安徽省亳州市）、泰州（今江苏省泰州市）、兴化（今江苏省兴化市）、楚州（今江苏省淮安市淮安区）五地，任过一些掌管刑狱的幕僚小职，最后一任是管盐仓的小吏。他表现出一个典型的有知识、有理想又时时想着报国安民的青年官吏的所作所为。他按儒家经典的要求"达则兼济天下"，却摒弃了"穷则独善其身"，只要有一点机会，就去用手中的权力为老百姓办事，并时刻思考着只有百姓安康，政治才能稳定。

范仲淹的忧民思想体现在三个方面，即为民请命、为民办事和为民除弊。

一是为民请命。用现在的话说就是"情为民所系"。

关心民情，是中国古代清官的一种好品质，好传统。就是说先得从思想上解决问题，要有一颗为民的心。郑板桥就有一首诗："衙斋卧听萧萧竹，疑是民间疾苦声。些小吾曹州县吏，一枝一叶总关情。"出身贫寒，起于基层的范仲淹一生不管地位怎么变，忧民之心始终不变。

1033年，全国蝗、旱灾害流行，山东、江淮地区尤甚。时范仲淹已调回朝中，他上书希望朝廷派员视察，却迟迟得不到答复。他又忍不住了，冒杀头之祸，去当面质问仁宗："我们在上面要时刻想着下面的百姓。要是您这宫里的人半天没有饭吃会是什么样子？今饿殍遍野，为君的怎能熟视无睹？"皇帝被他问得无言以对，就顺水推舟说："那就派你去赈灾吧。"当年他以一个盐吏因上书自讨了一个修堤的苦差事,这次他这个谏官,又因言得差,自讨了一份棘手难办的赈灾之事。但从这件事情上,我们看到了他的忧民之心。

他一到灾区就开仓济民,组织生产自救。灾后必有大疫,他遍设诊所,甚至还亲自研制出一种防疫的白药丸。赈灾结束回京后他还特意带回灾民吃的一种"鸟味草"送给仁宗,并请传示后宫,以戒宫中的奢侈浪费。他的这个举动肯定又引起宫中人的反感。你去赈灾,完成任务回来交差就是,何苦又要借机给宫里人上一堂课呢?就你最爱表现,这怎能不招惹人嫉妒?他还给仁宗讲了他调查访问的一件实事。途中,他遇到六个从长沙前往安徽的漕运兵,他们出来时共三十人,如今却因死亡和逃亡,只剩六人。路途遥远,还不知他们能不能活着回到家。他深感百姓粮饷和运输负担太重。他对仁宗说:"知之生物有时,而国家用度无度,天下安得不困!"

二是为民办事。用现在的话说就是"利为民所谋"。

思想上爱民还不算,还得办实事。他较突出的一件政绩是修海堤。1021年,范仲淹调泰州,任一个管理盐仓的小官。当时泰州、楚州、通州(今江苏省南通市)位于淮水之南,东临黄海,海堤年久失修,海水倒灌,冲毁盐场,淹没良田,不但政府盐利受损,百姓亦流离失所,逃荒他乡。范仲淹只是一个看盐场的小吏,这些地方上的政务经济上的事本不归他管,但他见民受其苦,国损其利,便一再建议复修海堤,政府就干脆任命他为灾区中心兴化县的县令。他制订规划,亲率几万民工日夜劳作在筑堤工地。

一次大浪淹来,顿时百多人被卷入海底。一时各种非议四起,要求停工罢修,范仲淹力排众议,身先民工,亲自督战,前后三年,终使大堤告成。地方经济恢复,国家增收盐利,流离的百姓又回到故乡。人们感激范仲淹,将此堤称为"范堤",甚至有不少人改姓范，以之为荣。历代，就是直到今天，能为范仲淹之后仍是一种光荣。明朝朱元璋一次审查犯人名单，见一叫范从文的人，疑是范仲淹之后，一问，果是其十二世孙，便特赦了他。有一土匪绑票，见苦主名范希荣，再问是范仲淹之后，立即放掉。可见范仲淹在民间的影响之大之远。现在全国为纪念他而建的"景范希望小学"就有三十九所。

三是为民除弊。用现在的话说就是"敢于改革"。

范仲淹是一位行政能力极强的政要。他的忧民，绝不像其他官僚那样空发议论，装装样子。他能将思想和具体的行动进一步上升到制度的改革，每治一地，必有创造性的惠民政策。他在西北前线积极改革用兵制度。当时因战事紧张，政府在陕西征农民当兵，士兵不愿背井离乡，便有逃兵。政府就规定在士兵的脸上刺字，谓之"黥面"。一旦黥面，他永世，甚至子孙后代都不得脱离军籍。范仲淹经调查后体恤民情，认为这"岂徒星霜之苦，极伤骨肉之恩"，就进行改革，边寨大办营田，将士可以带家属，又改刺面为刺手，罢兵后还可为民，深得百姓拥护。

范仲淹是64岁去世的。在他生命的最后三年，积劳成疾，病体难支，但愈迸发出为民请命、大胆改革的热情。1050年，他62岁时，知杭州，遇大旱，流民遍地。他不只用传统的调粮、赈济之法，而是以工代赈，大兴土木，特别是让寺院参与进来，用平时节余搞基建，增加就业；大办西湖的龙舟赛事，让富人捐助，繁荣贸易，扩大内需；高价收粮，使粮商无法囤粮抬价。这些举措看似不当，也受到非议，但挖掘了民间财力，让杭州平安度荒。

宋代税收常以实物缴纳，以余补缺，移此输彼，谓之支移，但运输费要纳税人出。范仲淹在1051年，也就是去世前一年，知青州，这是他生命旅途的最后一站。他见百姓往二百里外的博州纳税，往返经月，路途劳苦，还误农时，运费又多出税额的两到三成。农民之苦，上面长期熟视无睹，范仲淹心里十分不安。他就改革征税方法，命将粮赋折成现金，派人到博州高于市价购粮，不出五天即完成任务，免了百姓运输之苦，还有余钱。一般地方官都是尽量超征，讨好朝廷。他却多一斤不要，将余钱退给青州百姓。

诚如他言："求民疾于一方，分国忧于千里。"可以看出他的忧民是真忧，决不沽名，不作秀，甚至还要顶着上面的压力，冒被处分的危险。像上面所举之例，都是问题早就在那里明摆着，为什么前任那么多官都不去解决呢？为什么朝廷不管呢？关键是他们心中没有装着老百姓。所以"忧民"实际上是检验一个官好坏的试金石，也成了千百年来永远的政治话题。这种以民为上的思想延续到共产党就是全心全意为人民服务。毛泽东专门写过一篇《为人民服务》的文章。2004年是邓小平同志诞辰100周年，我受命写一篇纪念文章，在收集资料时，我问研究邓小平的专家："有哪一句话最能体现邓小平的思想？"对方思考片刻，答曰，邓小平对家人说过的一句话可作代表，他说："我这个人没有什么大志，就是希望中国的老百姓都富起来，我做一个富裕国家的公民就行。"

2. 忧君

范仲淹的第二忧是忧君。他说"处江湖之远，则忧其君"，就是说不管在朝在野都不忘君。封建社会"君"即是国，他的忧"君"就是忧国。不管在朝还是在野，时时处处都在忧国。

无论是过去的皇帝还是现在的总统、主席，都身系一国之安危。于是，以"君"为核心的君民关系、君政关系、君臣关系便构成了一国政治的核心部分。而君臣关系，直接涉及领导集团的团结，是核心中的核心。综观历史，历代的君大致分明君、能君、庸君、昏君四个档次；臣也有贤臣、忠臣、庸臣、奸臣四种。于是，明君贤臣、昏君奸臣，抑或庸君与庸臣就决定了一朝政府的工作质量。而又以君臣关系最为具体，君臣故事成了中国政治史上最生动的内容（比如，史上最典型的明君贤臣配：唐太宗与魏徵；昏君贤臣配：阿斗与诸葛亮；昏君奸臣配：宋高宗与秦桧等）。

范仲淹是贤臣，属于臣中最高的一档；仁宗不庸不昏，基本上算是能君，属于第二档。他们的君臣矛盾，是比较典型的能君与贤臣的关系。在专制和权力高度集中的制度下，君既有代表国家的一面，又有权力私有的一面；臣子既要忠君，又要报国。这就带来了"君"的两重性和"臣"的两重性。君有明、昏之分；臣有忠、奸之别。遇明君则宵衣旰食，如履薄冰，勤恳为国；遇昏君，则独断专行，为所欲为，玩忽国事。"忧君"的实质是忧君所代表的国事，而不是忧君个人的私事。忠臣忧君，不媚君，总是想着怎么劝君、谏君，抑其私心而扬其公责，把国家治好。奸臣媚君，不忧国，总在琢磨怎么满足君的私欲，把君拍得舒服一些。当然，奸臣这种行为总能得到好处，而忠臣的行为则可能招来杀身之祸。范仲淹行的是忠臣之道，是通过忧君而忧国、忧民，所以当这个"君"与国、与民发生矛盾时，他就左右为难。这是一种矛盾，一种悲剧，但正是这种矛盾和悲剧考验出忠臣、贤臣的人格。

这种"四重奏"和"两重性"的矛盾关系决定了一个忠心忧国的臣子必然要实事求是，敢说真话，对国家负责。用范仲淹的话说："士不死不为忠，言不逆不为谏。"欧阳修评价他："直辞正色，面争庭论""与天子争是非"。仁宗属于"能君"，他有他的主意，对范仲淹是既不全信任，又离不开，时用时弃，即信即离。而范仲淹既有独立见解，又有个性，这就构成范仲淹的悲剧人生。封建社会伴君如伴虎，真正的忧君，敢说真话是要以生命做赌注的。范仲淹不是不知道这一点，他说："臣非不知逆龙鳞者，掇齑粉之患；忤天威者，负雷霆之诛。理或当言，死无所避。"他将一切置之度外，一生四起四落，前后四次被贬出京城。他从27岁中进士，到64岁去世，一生为官三十七年，在京城工作却总共不到四年。

1028年，范仲淹经晏殊推荐到京任秘阁校理——皇家图书馆的工作人员。这是一个可以常见到皇帝的近水楼台。如果他会钻营奉承，很快就可以飞黄腾达。中国历史上有多少宦官、近臣如高述、魏忠贤等都是这样爬上高位的。但是范仲淹的"忧君"，却招来了他京官生涯中的第一次贬谪。

原来，这时仁宗皇帝虽已经20岁，但刘太后还在垂帘听政。朝中实际上是两个"君"。一个名分上的君仁宗皇帝，一个实权之君刘太后。这个刘太后可不是一般人等，她本是仁宗的父亲真宗的一位普通后宫，只有"修仪"名分，但她很会讨真宗欢心。皇后去世，真宗无子，嫔妃们都争着能为真宗生一个孩子，好荣登后位。刘修仪自己无能，便想出一计，将身边的一位李姓侍女送给皇帝"伺寝"，果然生下一子。但她立即抱入宫中，作为己子，就是后来的宋仁宗。刘修仪随即因此封后，真宗死后她又当上太后，长期干预朝政，满朝没有一人敢有异议。

范仲淹新入朝就赶上太后过生日，要皇帝率百官为之跪拜祝寿。他认为这有损君的尊严，君代表国家，朝廷是治理国家大事的地方，怎么能在这里玩起家庭游戏。皇家虽然也有家庭私事，但家礼国礼不能混淆，他便上书劝阻："天子有事亲之道，无为臣之礼；有南面之位，无北面之仪。"干脆再上一章，请太后还政于帝。这一举动震动了朝廷。那太后在当"修仪"时先夺人子，后挟子封后，又扶帝登位，从皇帝在襁褓之中到现在已二十年，满朝有谁敢置一喙？今天突然杀出了个程咬金，一个刚来的图书校勘管理员就敢问帝后之间的事。封建王朝是家天下、私天下，大臣就是家奴，哪能容得下这种不懂家规的臣子？他即刻被贬到河中府（今山西省永济市）任副长官——通判。范仲淹百思不得其解，十三年身处江湖之远，时时想着能伴君左右，为国分忧，第一次进京却一张嘴就获罪，在最方便接近皇帝的秘阁只待了一年，就砸了自己的饭碗。

范仲淹第二次进京为官是三年之后，皇太后去世。也许是皇帝看中他敢说真话的长处，就召他回朝做评议朝事的言官——右司谏。我国封建社会的政府监察体制分两部分：一是谏官，专门给皇帝提意见；二是台官，专门弹劾百官，合称"台谏"。到宋真宗时期，谏官权已扩大到可议论朝政，弹劾百官。中国封建社会长期稳定，有台谏制度一功，它强调权力制约，是中国封建制度中的积极部分。便是皇帝也要有人来监督，勿使放任而误国事。在推行制度的同时又在道德上提倡"文死谏，武死战"，使之成为一种风气。在中国历史上从秦始皇到溥仪共四百二十二位皇帝，就曾有八十九位皇帝下过罪己诏，作自我批评。这种对最高权力的监督和皇帝的自我批评是中国封建政治中积极的一面。

范仲淹二次进京所授右司谏官的级别并不高，七品，但权大、责大、影响大。范仲淹的正直当时已很有名，他一上任立即受到朝野的欢迎。这时的当朝宰相是吕夷简。吕夷简靠太后起家，太后去世以后，他就开始诋毁太后。郭皇后揭穿了他的虚伪行径，其相位被罢。吕夷简也不是一般人，他一面暗中收买内侍，一面默而不言，等待时机。时皇帝与杨、尚两位美人热恋。一日，尚自恃得宠，对郭皇后出言不逊，郭皇后挥手一掌向她打去，仁宗一旁急忙拉架，这一掌正打在皇帝脖颈上。吕夷简和内侍便乘机鼓动皇帝废后。

后与帝都是稳定封建政权的重要因素，看似家事，常关国运。就是现代社会，第一夫人也会影响政治，影响国事。范仲淹知道后一旦被废，将会引起一场政治混乱。这种家事纠纷的背后是正邪之争，皇后易位的结果是奸相专权。他联合负责纠察的御史台官数人上殿前求见仁宗。半日无人搭理。司门官又出来将大门砰的一声闭上。他的犟劲又上来了，就手执铜门环，敲击大门，并高呼："皇后被废，何不听听谏官的意见！"这真是有点不知高低，要舍命与皇帝辩论了。看看没有人理，他们议定明天上朝当面再奏。

第二天天不亮，范仲淹就穿好朝服准备出门。妻子牵着他的衣服哭着说："你已经被贬过一次了，不为别的，就为孩子着想，你也再不敢多说了。"他就把9岁的长子叫到面前正色说道："我今天上朝，如果回不来，你和弟弟好好读书，一生不要做官。"说罢，头也不回地向待漏院走去。"漏"是古代计时之器，待漏院是设在皇城门外、供百官暂歇等候皇帝召见的地方。

范仲淹这次上朝是在1033年，比这早四十六年，即987年，宋太宗朝的大臣王禹偁曾写过一篇很有名的《待漏院记》，分析忠臣、奸臣在见皇帝前的不同心理。他说，当大臣在这个地方静等上朝时，心里却在各打各的算盘。贤相"忧心忡忡"。忧什么，有八个方面：安民、扶夷、息兵、辟田、进贤、斥佞、禳灾、措刑，等到宫门一开就向上直言，君王采纳，"皇风于是乎清夷，苍生以之而富庶"。而奸相则"假寐而坐""私心慆慆"，想的是怎样报私仇、搜钱财，提拔党羽，媚惑君王，"政柄于是乎隳哉，帝位以之而危矣"。①他说，既然为官就要担起责任，那种"无毁无誉，旅进旅退，窃位而苟禄，备员而全身"的态度最不可取。他在这里惟妙惟肖地描述和揭示了贤相与明君、奸相与昏君的两个组合，还要求把这篇文章刻在待漏院的墙上，以戒后人。

不知范仲淹上朝时待漏院的墙壁上是否真的刻有这篇文章。不过范仲淹此时的确忧心忡忡。他忧皇上不明事理，以私害公，因小失大。这种家务之事，要是一般百姓，爱谁、娶谁、休妻、纳妾也没有人管。仁宗是一国之君啊！君行无私，君行无小。枕边人的好坏，常关政事国运。历史上因后贤而国安，后劣而国乱的事太多太多。同在一个唐朝，长孙皇后帮李世民出了不少好主意，甚至纠正他欲杀魏徵这样的坏念头；杨贵妃却引进家族势力，招来安史之乱。

范仲淹正盘算着怎样进一步劝谏皇上，忽然传他接旨，只听宣旨官朗朗念道，贬他到睦州（今浙江省建德市），接着朝中就派人赶到他家，催他当天动身离京。这果然不幸为妻子所言中，顿时全家老小，哭作一团。显然这吕夷简玩起权术来比他高明，事前已做过认真准备，三下五除二就干净利落地将他赶出京城。1033年4月他回京，第二年5月被贬出京，第二次进京做官只有一年时间。

如果说范仲淹第一次遭贬是性格使然，还有几分书生气，这二次遭贬，确是他更自觉地心忧君王，心忧国事。平心而论，仁宗不是昏君，更不是暴君，也曾想有所作为，君臣关系也曾出现过短时"蜜月期"，但随即就如肥皂泡一样破灭。范仲淹不明白，几乎所有

---

① 范仲淹的《渔家傲·秋思》：塞下秋来风景异，衡阳雁去无留意。四面边声连角起。千嶂里，长烟落日孤城闭。浊酒一杯家万里，燕然未勒归无计。羌管悠悠霜满地。人不寐，将军白发征夫泪。

的忠臣都如诸葛亮那样希望君王"亲贤臣远小人",但几乎所有的君王都离不开小人,喜欢用小人。

犯颜直谏的政治品德是超地域、超时代的,是一种可以继承的政治文明。时间过了近千年,到了1959年,庐山发生了一场中共高层领导的争论,当然有对形势和方针方面的认识问题,但也有传统的君臣政治理念和道德、人格上的问题。彭德怀当然是那个事件的一个主角,但从毛泽东的秘书田家英身上更集中地体现出这种矛盾冲突,而且别有一种悲剧色彩。田家英的身份有点类似范仲淹初入朝在秘阁的工作,是最高领袖的身边人。他虽对毛泽东敬之如父,但从外地调查回来还是如实反映了毛泽东不愿意听的情况。7月23日,他在庐山听了毛泽东批判彭德怀的讲话,更是忧从心底生,既为他所敬重的领袖犯错误而遗憾,又为党和国家的前途担忧。他和几个朋友来到山顶的一个亭子里,俯瞰山下万里山河,愁眉不展。有人说这空空的亭柱上怎么没有对联,田家英即张口愤然吟道:"四面江山来眼底,万家忧乐到心头。"其忧国、忧民又忧君的矛盾和痛苦可见一斑。

3. 忧政

忠臣总是一片忠心,借君之力为国家办大事;奸臣总是耍尽手段投君所好,为君办私事。范仲淹一生心忧天下,总是和政治腐败,特别是吏治腐败作斗争,并进行了中国封建社会成熟期的第一场大改革——"庆历新政"。一个政权的腐败总是先从吏治腐败开始的。当一个新政权诞生后,第一件事就是安排干部。通常,官位成了胜利者的最高回报和掌权者对亲信、子女的最好赏赐。官吏是这个政权的代表和既得利益者,也就成了最易被腐蚀的对象和最不情愿被改革的阶层。只有其中的少数清醒者能抛却个人利益，看到历史规律而想到改革。

1035年，范仲淹因知苏州治水有功又被调回京，任吏部员外郎，知京城开封府。他已两次遭贬，这次能够回京，一般人定要接受教训谨言慎行，明哲保身，但这却让范仲淹更深刻地看到国家的政治危机。他热血沸腾，要指陈时弊了。这次，范仲淹没有像前两次那样挑"君"的毛病，而主要针对的是干部制度问题，也就是由尽"谏官"之责转而要尽"台官"之责了。

原来宋朝的老祖宗——太祖赵匡胤得天下是利用带兵之权，阴谋篡位当的皇帝。他怕部下也学这一招来夺其子孙的皇位，就收买人心，凡高官的子孙后代都可荫封官职。这样累积到仁宗时，已官多为患，甚至骑竹马的孩子都有官职在身。

凡一个新政权在五十年左右往往会面临一道坎儿，这与当年黄炎培与毛泽东在延安讨论的"历史周期律"密切相关。到范仲淹在朝时，宋朝开国已八十年，吏治腐败，积重难返，再加上当朝宰相培植党羽，各种关系盘根错节；皇帝要保护官僚，官僚要巩固个人的势力，拼命扩大关系网，百姓养官越来越多，官的质量越来越低。这之前，范仲淹两次遭贬，三次在地方为官，深知百姓赋税之重，政府行政能力之低，民间冤狱之多，根子都在朝中吏治腐败。

他经过调查研究，就将朝中官员的关系网绘成一张"百官图"。1036年，他拿着这图去面见仁宗，说宰相统领百官，不替君分忧，不为国尽忠，反广开后门，大用私人，买官卖官，这样的干部路线，政府还能有什么效率，朝廷还有什么威信，百姓怎么会拥护我们。范仲淹又连上四章，要求整顿吏治。你想，拔起一株苗，连起百条根，这一整顿要伤到多少人的利益，如欧阳修所说："如此等事，皆外招小人之怨怒，不免浮议之纷纭。"皇帝虽有改革之意，但他绝不敢把这官僚班底兜翻，范仲淹在朝中就成了一个讨嫌的人。吕夷简对他更是恨得牙根痒，就反诬他"越职言事，荐引朋党，离间君臣"。那个仁宗是最怕大臣结党的，吕夷简很聪明，一下就说到了皇上的痛处，于是仁宗就把他贬到饶州（今江西省鄱阳县）。从他1035年3月进京，第三次被起用，到第二年5月被贬出京，又只有一年多一点。

这是他第一次试图碰一碰腐败的吏治。这次，许多正直有为的臣子也都被划入范党，分别被发配到边远僻地。朝中已彻底没有人再敢就干部问题说三道四了。范仲淹离京，几乎没有人再敢为他送行。只有一个叫王质的人扶病载酒而来，他举杯道："范君坚守自己的立场，此行比之前两次更加光彩！"范仲淹笑道："我已经前后'三光'了。你看，来送行人也越来越少。下次如再送我，请准备一只整羊，祭祀我吧。"他坚守自己的信仰"不以物喜，不以己悲"，虽三次被贬而不改初衷。

从京城开封出来到饶州要经过十几个州，除扬州，一路上竟无一人出门接待范仲淹。他对这些都不介意，到饶州任后吟诗道："三出专城鬓似丝，斋中萧洒胜禅师。""萧洒胜禅师"，这是无奈的自我解嘲，是一种无法排解的苦闷。翻读中国历史，我们经常会听到这种怀才不遇、报国无门者的自嘲之声。柳永屡试不中，就去为歌女写歌词，说自己是"奉旨填词"；林则徐被谪贬新疆，说是"谪居正是君恩厚，养拙刚于戍卒宜"；辛弃疾被免职闲居，说是"君恩重，且教种芙蓉"。现在范仲淹也是：君恩厚重，让你到湖边去休息！

饶州在鄱阳湖边，风大浪高，范仲淹自幼多病，这时又肺病复发。不久，那成天担惊受怕、随他四处奔波的妻子也病死在饶州。未几，他又连调润州、越州（今浙江省绍兴市）。四年换了三个地方。他想起楚国被流放的屈原、汉代被放逐的贾谊，报国无门，不知路在何方。他说："仲淹草莱经生，服习古训，所学者惟修身治民而已。一日登朝，辄不知忌讳，效贾生'恸哭''太息'之说，为报国安危之计。情既龃龉，词乃瞢戾……天下指之为狂士。"范仲淹已三进三出京城，来回调动已不下二十次。他想，看来这一生他只有在人们讨嫌的目光中度过了。

但忠臣注定不得休闲，范仲淹也是这样，自1036年被贬外地四年后，西北战事吃紧，皇帝又想起了他。1042年他被派往延州前线指挥抗战。1043年宋夏议和，战事稍缓，国内矛盾又尖锐起来。赋税增加，吏治黑暗，地方上暴动四起，仁宗束手无策。1043年4月，仁宗又将他调回京城任为副相，又免了吕夷简的官，请范仲淹主持改革，史称"庆历新政"。这是他第四次进京为官。

这次，他指出的要害仍然是吏治。前面说过，范仲淹第三次被贬，就是因为上了一个"百官图"，揭露吏治的腐败。七年过去了，他连任了四任地方官，又和西夏打了一仗，但朝中的吏治腐败不但没有解决，反而愈演愈烈。他立即上书《答手诏条陈十事》。

他说，第一条，先要明确罢免升迁。现在无论功过，不问好坏，文官三年一升，武将五年一提，人人都在混日子。假如同僚中有一个忧国忧民、"思兴利去害而有为"的，"众皆指为生事，必嫉之、沮之、非之、笑之，稍有差失，随而挤陷。故不肖者，素餐尸禄，安然而莫有为也。虽愚暗鄙猥，人莫齿之，而三年一迁，坐至卿、监、丞郎者，历历皆是。谁肯为陛下兴公家之利，救生民之病，去政事之弊，葺纲纪之坏哉？利而不兴则国虚，病而不救则民怨，弊而不去则小人得志,坏而不葺则王者失政"。你看"国虚""民怨""小人得志""王者失政",现在我们读这篇《答手诏条陈十事》,仍能感受到范仲淹那种深深的忧国忧民之心和急切的除弊救政之志。

他条陈的第二条是抑制大官子弟世袭为官。就是说不能靠出身好当官。现在朝中的大官每年都可自荐子弟当官,"每岁奏荐,积成冗官",甚至有"一家兄弟子孙出京官二十人"。大官子弟"充塞铨曹(官署),与孤寒争路"。范仲淹是"孤寒"出身,深深痛恨这种排斥人才的门阀观念和世袭制度。他条陈的第三条是贡举选人,第四条是选好的地方官,"一方舒惨,百姓休戚,实系其人"。第五条是公田养廉。十条中有五条有关吏治。后面还有厚农桑、修武备、减徭役等。我们听着这些连珠炮似的言辞和条分缕析般的陈述,仿佛看到了一个痛心疾首、泪流满面的臣子,上忧其君,下忧其民,恨不得国家一夜之间扭转乾坤,来一个河清海晏,政通人和。

治国先治吏,历来的政治改革都把吏治作为重点。不管是忧君、忧国、忧民,最后总要落实在"忧政"上,即谁来施政,怎样施政。

"庆历新政"之初,仁宗皇帝对范仲淹还是很信任的,改革的决心也很大。仁宗甚至让他搬到自己的殿旁办公。范仲淹派许多按察使到地方考察官员的政绩,调查材料一到,他就从官名册上勾掉一批赃官。仁宗即刻批准。这是一段君臣难得的合作"蜜月"。有人劝道:"你这一勾,就有一家人要哭!"范仲淹说:"一家人哭总比一州县的百姓哭好吧。"短短几个月,朝廷上下风气为之一新。贪官收敛,行政效率提高。

但是,由于新政首先对腐败的干部制度开刀,先得罪朝中的既得利益者,必然会有强大的阻力。他的朋友欧阳修最担心这一点,专门向仁宗上书,希望能放心用范仲淹,并能保护他,不要听信谗言。"凡小人怨怒,仲淹等自以身当,浮议奸谗,陛下亦须力拒。"但是皇帝在小人之怨和纷纭的浮议面前渐渐开始动摇了。他一次又一次地无法"自以身当",终于在朝中难以立足。庆历四年(1044年),保守派制造了一起谋逆大案,将改革派一网囊括进去。这回还是利用了仁宗疑心重、怕臣子结党的弱点,把改革派打成"朋党"。庆历五年(1045年)初,失去了皇帝支持的改革彻底失败,范仲淹被调出京到邠州(今陕西省彬州市)任职,这是他第四次被贬出京了。这之后,他就再也没有回京任职了。

庆历六年(1046年),范仲淹因肺病不堪北地的风寒,要求调邓州(今河南省邓州市),这年他已58岁。生命已进入最后六年的倒计时。他自27岁中进士为官,四处奔波,四起四落已三十一年。自庆历改革失败后,他已没有重回京的打算。现在他可以静静地回顾一生的阅历,思考为官为人的哲理。

一天,他的老朋友滕子京从岳阳送来一封信和一张图,画的是新落成的岳阳楼,希望他能为之写一篇记。这滕子京与他是同年进士,又在泰州任上和西北前线共过事,是庆历新政的积极推行者。滕子京的一生也很坎坷,他敢作敢为,总想干一番事,却常招人忌,甚至被陷害。那一次在西北遭人陷害,亏得范仲淹力保,虽没有下狱,却被贬岳阳,但仍怀忧国之心,才两年就政绩显著,又重修名楼。

范仲淹看罢信,将图挂在堂前,只见一楼高耸,万顷碧波。胸中不由得翻江倒海,那西北的风沙,东海的波涛,朝中的争斗,饥民的眼泪,金戈铁马,阁中书卷,狄仁杰的祠堂,楔入西夏的孤城,仁宗皇帝忽而手诏亲见,忽而挥袖逐他出京,还有妻子牵衣滴泪的阻劝,长子随他在西北前线的冲杀……一起浮到眼前。他心中万分激动，喊一声："研墨！"挑灯对图，凝神静思，片刻一篇三百六十八字的《岳阳楼记》就如珠落玉盘，风舒岫云，标新立异，墨透纸背。他把自己奋斗一生的做人标准和政治理想提炼为"不以物喜，不以己悲""先天下之忧而忧，后天下之乐而乐"。震大千而醒人世，承千古而启后人。文章熔山水、政治、情感、理想、人格于一炉，用纯青的火候为我们铸炼了一面照史、照人的铜镜。文章说是写岳阳楼，实在是写他自己的一生。现在我们来看一下范仲淹怎样写文章。

三、我们该怎样做文章——文章达到的"三境之美"

1. 一文、二为、三境、五诀

在中国古代，文章是官员政治素质的一部分。"立功、立德、立言"三者缺一不可。古今有三种文章：一是官场应景，空话、套话，人们很快忘记；二是有一点思想内容，但行文不美（如大量的奏折、记、表等），人们也已经忘记；三就是以《岳阳楼记》为代表的既有思想内容，又有艺术高度，是一种思想美文。

《岳阳楼记》到底好在什么地方？在给出评语前，我们不妨先探究一下好文章的标准。概括地说，可以称之为"一文、二为、三境、五诀"。

"一文"是指文采。首先你要明白，你是在做文章，不是写应用文、写公文。文者，纹也，花纹之谓；章者，章法。文章是一门以文字为对象的形式艺术，它要遵循形式美的法则，并通过这个法则表达作者的精神美。中国古代文、言相分，说话可以随便点，既要落成文字，就要讲究美。诏书、奏折、书信等文件、应用文字也一样求美。古代是把文件写成美文，而我们现在是把美文改成了文件，都是一个面孔。

"二为"是写文章的目的，一为思想而写，二为美而写。既要有思想，又要有美感。文章有"思"无美则枯，有美无"思"则浮。

"三境"是指文章要达到三个层次的美，或曰三个境界。古人论诗词就有境界之说。我现在把文章的境界细分为三个层次：一是景物之美，描绘出逼真的形象，让人如临其境，谓之"形境"，类似绘画的写生；二是情感之美，创造一种精神氛围叫人留恋体味，谓之"意境"，类似绘画的写意，如徐渭（青藤）；三是哲理之美，说出一个你不得不信的道理，让你口服心服，谓之"理境"，类似绘画的抽象，如毕加索。这三个境界一个比一个高。

"五诀"是指要达到这三境的方法，我把它叫作"文章五诀"，即"形、事、情、理、典"。文中必有具体形象，有可叙之事，有真挚的情感，有深刻的道理，还有可借用的典故知识。这一切，又都得用优美的文字来表达。这就是"一文、二为、三境、五诀"之法。

以这个标准来分析《岳阳楼记》，我们就会惊喜地发现它原来暗合做文和审美的规律，所以成了一篇千古不朽的范文。

请看全文：

庆历四年春，滕子京谪守巴陵郡。越明年，政通人和，百废俱兴，乃重修岳阳楼，增其旧制，刻唐贤今人诗赋于其上，属予作文以记之。

予观夫巴陵胜状，在洞庭一湖。衔远山，吞长江，浩浩汤汤，横无际涯；朝晖夕阴，气象万千。此则岳阳楼之大观也，前人之述备矣。然则北通巫峡，南极潇湘，迁客骚人，多会于此。览物之情，得无异乎？

若夫淫雨霏霏，连月不开；阴风怒号，浊浪排空；日星隐曜，山岳潜形；商旅不行，樯倾楫摧；薄暮冥冥，虎啸猿啼。登斯楼也，则有去国怀乡，忧谗畏讥，满目萧然，感极而悲者矣。

至若春和景明，波澜不惊，上下天光，一碧万顷；沙鸥翔集，锦鳞游泳；岸芷汀兰，郁郁青青。而或长烟一空，皓月千里，浮光跃金，静影沉璧，渔歌互答，此乐何极！登斯楼也，则有心旷神怡，宠辱偕忘，把酒临风，其喜洋洋者矣。

嗟夫！予尝求古仁人之心，或异二者之为，何哉？不以物喜，不以己悲。居庙堂之高，则忧其民；处江湖之远，则忧其君。是进亦忧，退亦忧；然则何时而乐耶？其必曰：先天下之忧而忧，后天下之乐而乐乎！噫！微斯人，吾谁与归？

　　　　　　　　　　时六年九月十五日。

全文共有六个自然段。

第一自然段叙写这件事的缘起。以事起兴，作一个引子，用"事"字诀。

第二自然段描写洞庭湖的气象，铺垫出一个宏大的背景。借山川豪气写忠臣志士之志，用"形"字诀。

第三、四自然段作者借景抒情，设想了两种"览物之情"，创造出一悲一喜的意境。通过景物描写营造气氛，水到渠成，即用"形"字诀和"情"字诀，由"形境"过渡到"意境"。连用淫雨、阴风、浊浪、星隐、山潜、商断、船翻、日暮、虎啸、猿啼十个恐怖的形象。然后推出"去国怀乡,忧谗畏讥,满目萧然,感极而悲"的伤感情境。连用春风、丽日、微波、碧浪、鸟飞、鱼游、芷草、兰花、月色、渔歌十个美好的形象,推出"心旷神怡,宠辱偕忘,把酒临风,其喜洋洋"的快乐情境。

第五自然段导出哲理,作者将形和情有意推向理的高度,设问:有没有超出上面那两种的情况呢?有,那就不是一般人,而是"古仁人之心"了。这种人超出物质利益的诱惑,超出个人的私念:在朝为官,不忘百姓;被贬江湖,不忘其君。太平时忧天下,危难时担天下。进也忧,退也忧,那么,什么时候才乐呢?到文章快结束时才推出一声绝响,一个响亮的哲理式结论:"先天下之忧而忧,后天下之乐而乐。"做官要做这样的官,做人要做这样的人!用我们现在的话说,就是无私奉献,全心全意为人民服务。用的是"理"字诀。这个道理一下讲透了,这个标准一下管了一千年,而且还要永远管下去!这是文章的高潮,全文的主题,是作者一生悟出的真理,也是他的信念。不管哪个时代,哪个国家的官员都有忠奸、公私、贤愚、勤庸之分。而公而忘私、"先忧后乐"是超时代、超阶级的道德文明、政治文明,是人类共同的、永远的精神财富。范仲淹道出了这种为人、为臣的本质的理性的大美,文章就千古不朽了。作者讲完这个结论后,文章又从"理"回转到"情":"噫,微斯人,吾谁与归",前不见古人,后不见来者,写出了一种超时空的向往和惆怅。

第六自然段不经意间再轻带一笔转回到记"事":"时六年九月十五日",照应文章的开头,像一个绕梁的余音。至此文章形、事、情、理都有(注意本文没有用典),形美、情美、理美三个层次皆具,已达到了一个完美的艺术境界。

这篇文章的核心是阐述"先天下之忧而忧,后天下之乐而乐"的道理。但如果作者只说出这一句话,这一个理,就不会有多大的感染效果,那不是文学艺术,是口号,是社论。这篇文章好就好在它有形、有景、有情、有人、有物的铺垫,而且全都用优美的文字来表述,用了许多修辞手法。在"理境"之美出现之前,已先收"形境""意境"之效,再加上贯穿始终的文字之美,形美、情美、理美、文美,算是"四美"了,在内容和形式方面都分别达到了很难得的高度,借用王勃在《滕王阁序》里的一句话,就是"四美具,二难并"了,是一种高难度的美。

2. 两类作者,两类文章

虽然我们给出了"一文"的要求、"二为"的宗旨、"三境"的标准、"五诀"的方法,但并不是谁人拿去一套,就可以写出一篇好文章。就像数学课上,不是老师教给一个公式,人人都能得一百分。这还得有一个艰苦的修炼过程。

凡古今文章,从作者的角度可分为两大类。第一类是文人、专业作家,如古代的司马相如、李白、王勃,现代的许多专业作家。作者先从文章形式入手,已娴熟地掌握了艺术技巧,然后再努力去修炼思想,充实内容,但无论如何,受阅历所限,其思想总难拔到很高的境界。就像一个美人,已得先天之美,又想再成就一番英雄业绩,其难也哉!

第二类是政治家、思想家,如古代的贾谊、诸葛亮、魏徵、韩愈、范仲淹,近代的林觉民、梁启超,现代的毛泽东等人。这类作者是从思想内容入手。他们并不想以文为业,只是由于环境、经历使然，内心积累甚多，如火山之待喷，不吐不快，就借文章的形式表达出来。当然，大部分政治家忙于事务，长于公文、讲话、指示等应用文字而不善美文，很难做到"四美具而二难并"。但也有少数政治家、思想家，或因小时就有文章阅读或写作训练的童子功（如人外表的先天之美），或政务之余不忘治学（如人形体的后天训练），于是便挟思想之深又借艺术之美，登上了文章的顶峰。就像一个美女后来又成就了一番事业，既天生丽质，又惊天动地，百里挑一。

因为有两类作家，所以就有两类文章——"文人文章"和"道德文章"。中国文学传统很重视政治家的"道德文章"。政治家为文是用个性的话说出共性的思想（如诸葛亮说的"鞠躬尽瘁，死而后已"，毛泽东说的"帝国主义和一切反动派都是纸老虎"）。如果只会用共性的语言说共性的思想，就是官话、套话，有理而无美，这不叫文章，也不可能流传。

"文人文章"，求"美"而不求"理"，是以个性的语言说出共性的美感，常"美"有余而理不足（如王勃的"落霞与孤鹜齐飞，秋水共长天一色"）。因为文章第一位是表达思想，"理境"为"三境"中最高之境，所以相对来讲，先入艺术之门，再求深造思想难；先登思想之峰，再入艺术之门易。所以真正的文章大家，多出身于政治家或思想家，而那些专攻文章、以文为业的人反而较少。历史上的范仲淹是一个政治家、军事家、学者，也许他从来也没有把自己当作一个作家。后人在排唐宋八大家之类的排行榜时，他也无缘入列。但这恰恰是他胜过一般文人之处，或者历史根本就不忍心将他排入文人之列。这倒给我们一个启示：每一个政治家都有条件写出大文章，都应该写出大文章。

这篇文章是对我国封建政治文明的高度总结。中国封建社会三千多年，政界人物多得数不清，历朝皇帝四百二十二个（按理，他们当然是大政治家），大臣官员更不知几多，但能写出《岳阳楼记》，并被后人所记住、学习和研究的只有范仲淹一人。现在我们知道要出一篇好文章是多么不容易了。要做文，先做人。金代学者元好问评价范仲淹说："文正范公，在布衣为名士，在州县为能吏，在边境为名将。其才、其量、其忠，一身而备数器。"我们还可以再加上一句："在文坛为大家。其思想、其文采，光照千年。"①

中国从古至今，因内容和形式都好而影响中华民族政治文明、人格行为和文化思想的文章为数不多。我排了一下有十篇。它们是：

1. 贾谊的《过秦论》
2. 司马迁的《报任安书》
3. 诸葛亮的《出师表》
4. 陶渊明的《桃花源记》
5. 魏徵的《谏太宗十思疏》
6. 范仲淹的《岳阳楼记》
7. 文天祥的《正气歌并序》
8. 梁启超的《少年中国说》
9. 林觉民的《与妻书》
10. 毛泽东的《为人民服务》

---

① 冯玉祥曾有一联号召人学习范仲淹："兵甲富胸中，纵叫他虏骑横飞，也怕那范小老子；忧乐观天下，劝今人砥砺振奋，都学这秀才先生。"

这些文章已经成为中华经典。什么是经典？我在《说经典》一文中指出，第一，经典是一个时代的标志，空前绝后，比如我们现在不可能再写出唐诗、宋词；第二，已上升到了理性，有长远的指导意义；第三，经得起重复，即实践的检验，会常读常新。人们每重复一次都能从中挖掘出有用的东西。这就是经典与平凡的区别。一块黄土，风一吹、雨一打就碎；而一颗钻石，岁月的打磨只能使它愈见光亮。

怎么才能达到经典的高度呢？这又回到我们开头讲的"一文、二为、三境、五诀"的标准。简要来说，你得有很高的政治修养和文学修养，而且还要能将它们有机地结合起来。这不是每一个人都能做到的，用美学大师黑格尔的话说这种人是天才，"一般来说有这种才能的人一遇到心中有什么观念，有什么在感发他，鼓动他，他就会马上把它化为一个形象，一幅素描，一曲乐调或一首诗"。艺术史上这样的例子很多，如王羲之的《兰亭序》，徐悲鸿的《马》，冼星海的《黄河大合唱》等。范仲淹在这里是把他的政治理念化作了一篇《岳阳楼记》。

好文章是一个人在一定的时代背景下全部知识和阅历的结晶，是他生命的写照。其中不知要经历多少矛盾、冲突、坎坷、辛酸、成功与失败。这非主观意志可得，可遇而不可求。因此，一篇好的文章就如一个天才人物、一个历史事件，甚或如一个太平盛世的出现，不是随便就有的，它要综天时地利之和，得历史演变之机，靠作者的修炼之功，是积数十年甚或数百年才可能出现的一个思想和艺术的高峰。千军易得，一将难求；千年易过，好文难有。

范仲淹为我们写了一篇千古美文，留下了一笔重要的文化遗产和政治财富，同时他也以不朽的政治家、思想家和文学家载入史册。

2009年7月18日讲演于中央部长文史知识讲座